增值印刷

Manfred H.Breede 著　　程常现　高晶　译

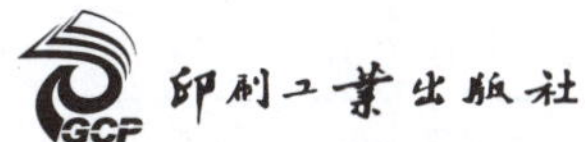
印刷工业出版社

图书在版编目（CIP）数据

增值印刷/布莱德(Manfred H.Breede) 著;程常现,高晶译.
—北京 ：印刷工业出版社，2012.2
书名原文：Adding Value to Print
ISBN 978-7-5142-0381-3

Ⅰ.增… Ⅱ.①布…②程…③高… Ⅲ.印刷厂—生产管理—手册 Ⅳ.F407.846.2-62

中国版本图书馆CIP数据核字(2011)第262096号

增值印刷

Manfred H.Breede 著　　程常现　高　晶　译

责任编辑：陈嫒嫒　　责任校对：岳智勇
责任印制：张利君　　责任设计：张　羽
出版发行：印刷工业出版社（北京市翠微路2号　邮编：100036）
网　　址：www.keyin.cn　　www.pprint.cn
网　　店：//pprint.taobao.com
经　　销：各地新华书店
印　　刷：北京画中画印刷有限公司

开　　本：880mm×1230mm　1/32
字　　数：150千字
印　　张：7
印　　次：2012年2月第1版　2012年2月第1次印刷
定　　价：42.00元
ＩＳＢＮ：978-7-5142-0381-3

◆ 如发现印装质量问题请与我社发行部联系　发行部电话：010-88275602

前　　言

尽管印刷行业的技术变革一直与我们紧紧相随，然而各个年代的变化程度却不一致。过去的 30 年就是一个佐证，我们从这里也许看到的是从大约 500 年前印刷发明以来具有的最根本的变化。

这一点也可以通过个人的职业生涯得到证实。就拿我的家庭来说，我的父亲是一名印刷工人，而我本人也是沿着他的足迹走过来的。我的父亲在 1915 年就作为凸版印刷工进入印刷业。在他 55 年后退休时，他仍然使用他一辈子一直在用的完全一样的技能。1959 年，我也进入了印刷业，当上凸版印刷学徒工，但我的这个职业生涯只持续了四年左右，由于凸版印刷需求及工艺发展速度在缓慢下滑，我不得不进行重新培训改做平版印刷工。胶印当时如同20 世纪80 年代末推出的数码印刷一样被视为“高科技”，但现在的胶印和其他传统印刷工艺以及数码印刷本身也都面临着一般电子通信系统强大的竞争，特别是无线电子设备。不仅是这些新的图形传播媒体真实地模拟了印刷品，而且它们也提供其他功能，它们的制作成本要比以材料为基础的印刷传播方式低很多。

在过去，印刷行业里的技术革新是对印刷产品进行质量和生产效率的改进，但我们现在面对的变化却完全不同，因为它们是以主要的大众传播媒介来挑战印刷的。

这是无可否认的事实，这可能会导致一些印刷企业绝望地放手。然而，这本书的目的并不是传达一个失败主义者的信息，而是要证明印刷在面对替代它的传播方式时所具有的优势，同时在非典型的领域里为印刷探索新的机遇。

印刷肯定具有它的未来，但是同样可以肯定的是，这个未来将是发生了变化的未来。

Manfred H. Breede

目　　录

1

概　述

从谷登堡1450年发明铅活字以来，当印刷媒体面对新的竞争时，信息传播领域的版图从没有像今天这样从根基上发生震荡。可以确信，印刷在很早之前就已经面对过各种挑战。只要想一想亚历山大·格拉汉姆·贝尔大约在140年前发明了电话，伽利尔摩·马可尼在100年前发明了无线电，而且，更近一些，想一想电视从20世纪50年代问世以来，以飞快的速度让全球所接受，印刷不仅在这些以前未曾听说过的媒体类型的出现时生存下来，而且更加兴旺发达，提供这一见证的正是20世纪中获得巨大增长的印刷产量和纸张消耗量统计数字。

我们需要进行认真的分析，看一下印刷在过去是如何经受住新的信息传播形式的猛烈冲击的，而且，事实上，印刷媒体在面对完全不同的信息传播方式时，将仍然能够占有优势。

毋庸置疑，无线电和电视从印刷行业拿走了商业广告相当大的份额，对报纸和期刊出版行业来说，其影响尤为重大。在其他领域，印刷和电子媒体有着相当不同的存在方式。举例来说，图书、包装、标牌、海报、文具、表格、产品样本、目录册、小册子、彩票、货币、证券以及墙纸等，从来没有受无线电和电视的直接竞争。然而，即使在这些产品类别中，印刷媒体正越来越多地受到通常所说的无纸传播的挑战。数字文件形式的图书，例如由PDF文件格式加上电子阅读设备所形成的通常被称为电子书（e-book）的东西，是一种虚拟的接近实体图书的阅读体验。而且，广告标牌越来越多地由电子广告牌和平板电视屏幕的形式来表现。

这并不是说印刷媒体被淹没在此类产品的汪洋大海中，而是说公众对传播形式的选择增加了，因而印刷媒体必须找到出路来增强某些独有的印刷特性和特点，使其能够吸引消费者和读者，以至于做到其他媒体形式所不能复制的境界。

这就是说有些感官效果和感觉（如感情和声音）一直都是电子媒体表现的范畴，因此通常不在印刷技术表现的范围之内。而且，在某些产品类别中（例如参考文献或百科全书），印刷媒体可能实际上已经没有什么用处了，因为数字媒体在这类阅读材料方面具有压倒性的成本优点和功能优势。

在其他产品类别中，如产品包装，印刷媒体仍然没有受到挑战，其原因仅仅在于这些产品类别的最终使用目的超出了图像表达的范畴。

从前述例子中可以得到结论，如果一个产品生产的目的仅仅限于对图形信息的表现，那么它往往可以由新的媒体形式以更低廉的成本得到复制，因为这些媒体可以不依赖于物质材料来呈现某些功能特点。此外，数字电子媒体可以包括很多的功能特性，如动作、声音以及交互性等，而这些正是印刷媒体本身所不具有的。然而，如果产品的目的超出了单纯的图形信息的表现，印刷媒体不仅是较好的选择，而且往往是唯一可能的选择。包装的双重目的就是一个最明显的例子，因为包装既要直接传达所包装的产品的特性信息，同时也要作为产品的容器。由于显而易见的原因，后者的功能可能永远不会成为电子媒体的一个属性。

因此，传统印刷产品所具有的双重目的性可以增加超乎图像表达之外的功能，这样一个特点也就成了区分印刷和数字媒体的不同之处。报纸和杂志越来越多地通过提供超出编辑内容之外的东西来扩充这种能力。复杂的插页技术让报纸和杂志增加了增刊出版物、产品和香水样品、光盘、回执卡、折叠印品、食物赠品袋、棋类游戏、磁性标签、电池测试仪等产品。总之，报纸和杂志已经超出作为信息源的作用，已成为实用产品的载体。

即使是图像复制的质量也

可以受益于印刷的实物性。要知道，在一个平面上再现任何的图像必然是三维世界的二维表现。一些传统的印刷方法，如压凹凸技术，可以增加第三个维度，这在数字媒体形式中就根本没有可能实现。色彩的再现，传统的印刷媒体和电子媒体实质上都是以各种不同比例对原色进行叠加而得到的，唯一的区别在于，数字媒体使用光，而传统的印刷方法使用实体的颜料。这两种复制过程都能创建足够大的色域，从而形成高度的现实仿真。但是某些颜色，如蜡笔漫画或极其饱和的色彩、金属色彩、彩虹效果以及荧光颜色，单独通过色光就无法表现。在这里，传统印刷工艺过程的实体性就显现出它的优势来，因为同时处在实物环境和传统印刷工艺中，色彩的再现是由光以及在印刷过程中使用的相近的实体颜料的相互作用下形成的综合感觉。

另外，在传统印刷技术中，上光、红外线加热和紫外线固化上光的方法使印刷品具有光泽感，而这也基本上是由物理世界和印刷复制品上所具有的相同的光学现象所产生的。

再有就是触感。由于显而易见的原因，这只有通过物理介质才能实现。书的封面和其他印刷品通过压凸和上光工艺形成有纹理的、凸起的或平滑的表面所实现的质感丰富的装饰，使人在拿取时能够唤起愉悦的感觉。

除了颜料外，要进行图像复制的承印材料也能产生有趣的效果。光栅基材可以产生三维立体的感觉和运动的假象，而全息图融合到基材上时也可以产生几乎相同的效果——只是仿真程度更高一些。特殊的基材可以把印刷产品延伸到通常不利于纸张或电子媒体的使用环境中去使用。合成的承印材料不透水，因此可以用在可能需要经受风吹雨打的产品上。有磁性的承印材料可以黏附到厨房的冰箱上，用于显示有用的资讯和商业信息。最近20年来最智能化的创新之一就是即时贴便条，它用起来既简便，又十分灵巧。即时纸贴可以用来做书签，同时也可以向读者展示捐赠者的名字和所从事的服务信息。

上述印刷产品的二重性还可在一些要隐藏敏感信息的应

用场合中看到，例如包含个人识别号码（PINS）的表格，这些表格要在先进的印后加工设备上进行打孔、折页、上胶和个性化装袋等印后加工。

电子技术和印刷融合在一起的另一个领域是射频识别（RFID）技术，这项技术也正在取代库存物流中所使用的条形码。有些印刷工序可以固定预设的印刷天线，这些天线以低廉成本通过无线电频率把数据从 RFID 芯片传输到 RFID 阅读器，同时也具有作为包装用途所需要的图像载体作用。即使是位于这些系统的核心位置的芯片也可能被印出来。

功能性电子器件，例如印刷电路、太阳能电池、薄膜键盘、薄膜及电池，甚至是汽车天线近年来都可以通过丝网印刷和数码印刷进行印制。而这些产品的印刷部件通常都没有集成到制造这些设备的生产线上，这也说明印刷机除了原来的应用目的外也能找到在这些产品上的应用方式。

更奇特的印刷电子的应用之一是它们在柔性电子显示屏上的应用。总的思想是基于平行聚光镜原理：在这个聚光镜上，具有一层铟锡氧化物（ITO）箔，它以丝网印刷工艺印上磷酸、电介体和银的导电涂料层图像，并且在这层铟锡氧化物（ITO）箔上覆压上同样以丝网印刷工艺在聚碳酸酯箔上印上的多色图像层。当电流从外部电池或集成的印刷电池提供给这个组件时，磷酸涂层开始发光，从而使印刷的图像发亮。举个例子说，假如图像是一个壁炉，就可以在其中非常真实地表现出闪烁的火焰。这种印刷电子的商业应用范围包括了从销售终端的显示装置到各种标牌的应用场合，还包括自发光的交通标志等。

在印刷品里加入电子墨显示屏所产生的有趣的视觉效果，克服了印刷所固有的静态图像限制。电子墨是一种反射式显示技术，通过电子的方式将有色液体改变成看得见或看不见的形式。电子墨成分可以集成到传统的印件上，使其具有更生动的外观。这种效果在 2008 年 10 月号的《时尚先生》（Esquire）杂志 75 周年珍藏版（图 1－1）上得到了展示。注意同一个封面上在不同时段其图形成分从阴图转成阳图的变化。该杂志外封面采用传统的胶印印刷，附以电子墨成分装饰的几行闪光的文字，只要内装集成的电池还有电，这种增强效果就将周而复始地持续显示下去。在封面的内侧，由电子墨成分生成一个运动的汽车广告，用来为一家大型汽车制造商最新的 SUV 车型作推销广告。

图 1－1　《时尚先生》杂志 75 周年庆特辑上的电子墨元件

一些创新型企业和杂志的出版商正在把 2.4 英寸的高清晰度的音频/视频播放器集成到硬壳精装婚礼相册和周刊杂志上。婚礼相册可以通过内置的 USB 端口上传 5 个不同主题的视频剪辑和总共 45min 的连续镜头，通过这个 USB 端口，该相册的电池可充电 500 次。第一个采用这项技术的杂志是《娱乐周刊》（Entertainment Weekly），用在 2009 年 9 月刊（Americhip 2009）上。洛杉矶和纽约的杂志订阅户能够从杂志嵌入的视频播放器预览一个两页的 CBS 广告，该广告能够连续播放 25min 的视频，用来介绍他们的秋季节目。该视频在书页翻页时能够自动播放。

装订和印后整饰往往使印刷企业能把像《时尚先生》杂志封面，嵌在婚礼相册的视频播放器里，或是《娱乐周刊》杂志一类的跨媒体产品推向市场的主创区域，因为电子元件肯定要在经过改进的印后加工设备上进行集成，其采用的生产工艺将不会使脆弱的印刷电子元件承受过大的机械冲击力。

印后加工部门是往印刷产品上添加非凡功能的一个关键区域，或者可以说它是生产全新的功能性产品的关键领域。折页机可用于创建有趣的折页形式。与定时胶合、打孔以及喷墨加印的组件配合，折页机可用于将纸张加工成信封、自动添加地址的邮件、彩票、折叠印品或纸袋等。骑马装订机和胶订机也可安装喷墨加印装置，用于制作个性化的封面和邮件。而且插页、粘单页和插入式明信片等附加装置，可用于在主机速度不受影响的情况下来插入各种纸制品出版物或非纸张的消费品。

对印刷企业已往和未来的计划所做的统计数字似乎也表明，印刷企业装订部门的活动有增加的趋势。2008年NAPL（全美印刷业领导者协会）的《行业研究报告》第7版把装订和印后加工设备列为最经常引用的优先选项（NAPL，2008年2月）。据调查，55.2%的印刷企业认为装订设备是最优先的选项，紧接着是数码印刷、可变数据印刷（54.4%），邮发设备（47.1%）以及四色或多色胶印机（43.6%）。

上文所述的一些工序，如金箔压印、个性化的图像和专色印刷等，已经由中世纪的装订工和印刷工通过艰苦而缓慢的手工工艺过程实践过了。如今，这些相同的技术可以与其他生产过程一起进行联线加工。金箔压花装置也可以集成安装到印刷机上，个性化的信息可以在数码印刷机上印刷，而且专色可以与标准的四色网版印刷工艺一起以非常高的生产率同时印制。其他印后加工工序则创建了全新的，以往是由非印刷业制造的产品类别。

印刷应当正确地归类为一个信息传播行业，这一点在提到像报纸、杂志、图书之类的产品时，显而易见。然而对于包装印刷这样的与信息传播具有相关性的产品来说，就不太明显了，因为包装产品的信息传播属性只是它的使用目的的一部分，其另外的目的是用作容器。令人惊讶的是，一些更新的功能性印刷的应用继续在采用传统的信息传播技术，因为从原理上说，RFID 和汽车天线印刷是无线通信系统的重要组成部分。

从本质上说，这里所提到的各种工序和工艺都提高了印刷产品的美学价值，或赋予它一个新的功能，但它如果没有印刷这个实体也不可能做得到。只有物理对象才可以作为另一个物理对象的载体，只有物理对象才可以是三维立体的，同样，只有物理的材料才可以是电流的载体。印刷的实体性曾经是一种妨碍性的因素，因为与数字数据相比，印刷品在传播时要依赖于价格更高、更笨重的物理材料，但是，印刷产品同时也是无数具有使用功能的物体，借用《圣经》的一句话来讲，就是："人不能光为数字数据而活着。"

2

装订和印后整饰

没有任何其他的印刷生产阶段可以比印刷产品的装订和整饰更能表现印刷媒体的实体性。尤其是在装订和印后加工部门，印刷产品才表现出其实体的形状，而且通常在这一阶段，印刷产品不仅提高了作为传播介质的价值，同时还可以超出其本来的目的，使传播信息的功能得到延伸。

印刷产品也可以被加工成为具有新功能的产品，例如折叠印刷品或直邮邮件等，并且通过使用各种不同的材料和工艺所产生的有趣的视觉效果，还可以增加印刷产品的传播价值。

因此，正是在装订和印后加工部门，印刷品的物质特性可以被转变为资产。而且，在装订和印后加工设备上使用联线加工装置可以非常有效地给要制作的印品增加其他附加功能和视觉效果。

装订和印后加工领域大致可分为折页、装订、印刷产品的装潢等过程。其中每一个加工过程都有可能通过提高印刷品的视觉吸引力，或将它们转换为功能性产品，使印刷品增值。

▫ 超越折页的功能

除了把印张折页形成书帖，然后用于制作书籍、杂志或多种单帖的出版物之外，折页机的用途还可以扩展到其他四个产品类别：

- 将平张印张折叠，产生新的功能用途（如纸袋、折叠印刷品或信封等）。
- 将平张印张折叠，产生有趣的视觉效果。
- 将平张印张折小，形成更容易拿放的尺寸（如地图）。
- 将平张印张折小，以适应小的容器（如药剂瓶）。

折页机有两类，栅栏式折

页机和折刀式折页机，还有把栅栏式和折刀式的折页部件组合在一个机构里的栅刀式混合折页机。

栅栏式折页机使用的是折页辊和栅栏板的机构，印张在这里推入一个通道（栅栏板），直到它的运动碰到一个可调整的挡规，就迫使印张转回到两个折页辊的压合点之间（图2－1）。

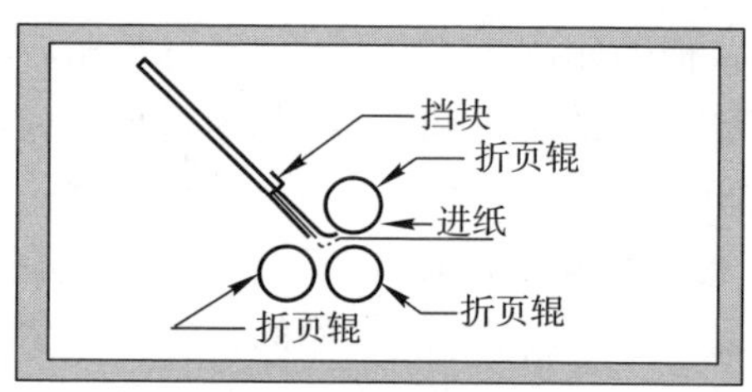

图2－1　栅栏式折页机

折刀式折页机使用一个有往复运动的折刀机构，折刀使印张通过两个折页辊之间的压合点完成折页。

栅栏式折页机是市面上最快的折页机，并且可以比任何其他折页机机型能够产生更多的折页变化形式。当要折页的纸张很厚或是前面加工处理过的经过多次折页后的书帖已经变得很厚的时候，栅栏式折页机则难以应付。另外，折刀式折页机能够使卡纸和相当厚的书帖通过折页辊压合点进行折页，只不过折页速度比较低，能折页的形式也比较少。

在生产折页印刷产品时有两种情况：如果是用单张纸印刷机进行印刷的，它必须在这几种折页机的其中一种上进行离线折页。然而，如果印件是在卷筒纸印刷机上印刷的话，折页工序就可以在印刷后联线进行。

卷筒纸折页主要的部件有折页三角板和组合折页机组，能够生产各类出版物印刷通常所需的各种书帖形式。折页三角板是固定的V形部件，卷筒纸在其行进方向上通过在折页三角板上面弯曲来进行折页，而组合折页机组则利用其独特的机构把纸带裁成单张，然后交替进行对折或平行折。最后的对折是由折刀式折页组件进行的，从原理上说与上述的折刀折页原理没有明显的不同。

一个辅助折叠机构被称为犁铲式折页机，通常用在卷筒纸印刷机上，位于折页三角板处或用来替代折页三角板。从原理上说，犁铲式折页机类似于折页三角板，但与折页三角板不同的是，它们可以放在与卷筒纸带垂直方向上的不同位置，这样就能产生更多的折页形式和分页的变化。

也可以把卷筒纸印刷机上印刷的产品在印刷后进行连续的顺序加工。在这种情况下，这里所描述的加工设备是与卷筒纸印刷机联线加工运行的。然而，对于趋于复杂的直邮设计所要求的加工工序来说，印刷和印后加工阶段是分开进行的。

许多要进行印后加工的印刷产品无外乎采用这些形式：相对简单的 4 页折页，6 页的信折、6 页风琴折、8 页风琴折或 8 页的平行折（图 2 - 2）。所有这些都可以在一台有四个折页栅栏板的栅栏式折页机上完成。更复杂的设计可以利用这些折页方式的组合来实现，在这种情况下，可能需要增加折页栅栏板。一个组合折页产品可能还包括被插入的信用卡、磁卡、回执卡、光盘或产品样品等，这些物品要么可以通过上胶黏附到印件上，要么可以直接插入印品中而无须进行物理连接。

一两件物品的插入是在第一犁铲式折页之后进行的，但是在折页封闭之前就已经完成了。如果插件相当硬挺，就可以用喷气操作法通过吹入式卡片输入机将其吹入，然而如果插件要附着在载体上，则根据加工产品的类型和最终的用途，要用到涂胶喷嘴和若干不同类型的胶黏剂。既不需要吹入，也不需要黏合加工模块的一项技术是对要加工的印件在某些部位进行打孔，以便收件人能将它们分开。这是经常用于问卷卡和答复卡的情况。使用转向机构可以把部分完成的产品在 90° 转向后重新定位，便于使产品以所需的朝向送出并进行后续操作，如折页、打孔或上胶涂布等。

最近，折页机被用来加工由单张纸印刷机印好的印张。特别是栅栏式折页机，与其他

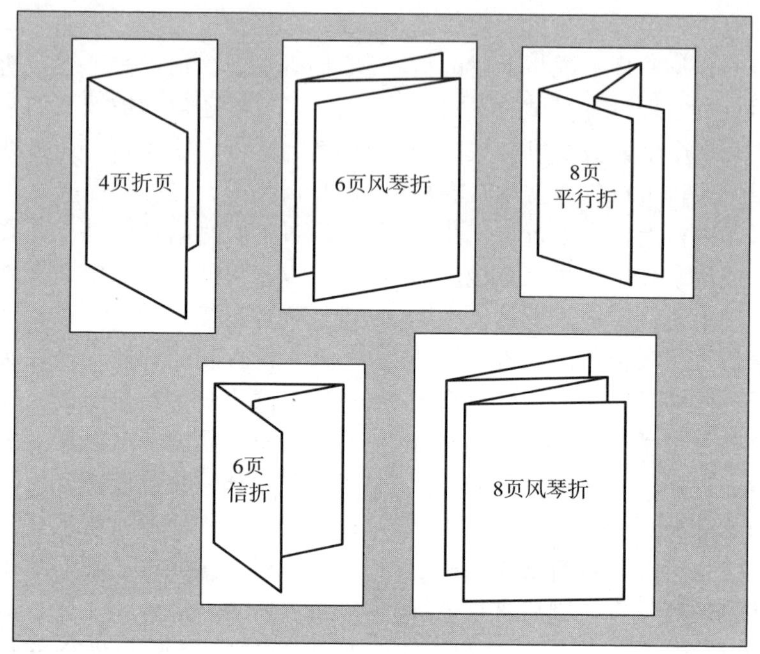

图2－2　基本折页方式

折页机类型相比，能提供更多不同的折页形式，因而可以生产非常复杂的产品。而且，栅栏式折页机长长的斜辊传送台可使印张转 90°的方向，从而将部分折好的印张在随后的折页装置上进行直角折页，这样就能够有足够的空间来组合安装其他附件，用于在要加工的印张的两个基本方向上进行定时裁切、打孔和上胶操作。因而在不使用复杂的机械翻转机构的情况下，就能进行切窗口、矩形打孔以及复杂模式的上胶涂布等操作。

利用印张下方真空皮带的特殊传送带系统可以组合装上其他装置，如粘卡片装置、喷墨打印头、贴标签模块、犁铲式折页机、胶带进给装置以及各种冷、热上胶装置，并且不会在纸张上方产生障碍，或使纸张卡住。

可以组合安装上模切加工模块，以进行冲孔、O 型装订线圈成型、三面切以及不规则形状的钢线模切。在栅栏式折页机的模块化结构上可以组合安装上特殊的插入装置或拾放装置，以进行添加护肤液或洗发水包装袋和 CD 光盘等操作。而且，前面已经折好页的印张可以打开，附上一个物品，然后再由专门的犁铲式折页设备再次关闭，以便封装好所附加的东西。

上胶系统

上胶系统可以集成安装在折页装置之前或之后。而且，对于简单的应用方式，上胶喷嘴可集成在栅栏式折页机上。装在栅栏板上的上胶系统不需要使折页辊相应的部分凹下，否则就会与仍然未干的已涂胶水带相接触。

上胶系统可以安装在各种印刷和装订设备上，如卷筒纸印刷机、折页机、骑马订书机、无线胶订机和折页机涂胶机。它们现在大部分是用微机控制的，采用多喷嘴的喷头，最多可有 64 个施胶的喷头，能够形成复杂的线、点以及订书胶合的模式，喷涂精度为 2.5mm，速度可达 300m/min。在邮发应用场合，上胶工序的两个主要用途是封住印品和附着插入的物品。

封口上胶

要封上像直邮信件这样的封装袋（或信封），要使用黏性胶、冷胶、压敏胶带和可再湿性的点状胶或条状胶。

黏性胶只在施加压力时才会自己粘在一起。在随后的折页中，两个涂有条状黏性胶的边口在折页辊的压力作用下互相接触，它们才会黏结在一起，形成一个封装袋。

冷胶在折叠涂胶机上只涂在基材的一面。封装袋的两个边口上接受条带状冷胶涂布，而要打开的一侧在折叠前涂上点状胶。然后对封装袋的三面进行打孔。在一般情况下，人们更倾向于在永久性封装袋上使用冷胶进行涂布。

压敏胶带或封舌只用于产品一侧的封合，另外两侧保持开启。这种封装袋适合那些不放入插件的印件，如果它们含有插件，就必须由黏合剂贴上，原因在于产品的开口侧没有安全容纳功能。

可再湿胶水需要先涂布水分，这样随后才能在封装袋的封合部件上形成黏结。该胶水条只涂布在基材的一面，以便使印刷品保持打开状态，直到其准备回复邮寄为止。与常见的邮政信封不同，这种封装袋在封合之前必须要涂布水分。

附件粘贴

通常情况下，加工后的产品，包括插件，要用热胶或冷胶固定。虽然热胶比冷胶更贵，且涂布时比冷胶更难，但热胶的固结却更快。可在湿热熔胶的使用有进一步增加的趋势，尤其在用于邮件的邮寄时更是如此，这是因为涂料纸用得越来越多，而涂料纸使用冷胶容易产生问题。

如果插件要永久性地粘贴到信封上，线条装上胶可以获得最牢靠的粘贴。对于线条状上胶的应用方式，应使用折叠涂胶机涂布连续长线胶条，而对于需要剥离的插件来说，应涂布点状胶水。

如果需要使纤维和黏合剂的残留量最少，并使插件易于分开，例如像回执卡或信用卡这样的附件所要求的那样，那么挥发胶是最好的选择。挥发胶很容易从插件上去除，不会留下或很少留下基材的纤维或残胶。它们的粘贴牢度也没有那么强。

使用折页机制作新的具有功能性的产品

虽然折页机的主要目的是生产折页产品，如书籍的书帖，但是它们也可通过改装来生产多种封装袋。简单的折页机可能只能进行双平行折加上两条胶线这样的加工（图2-3），而更复杂的信封需要多个平行折、胶线和打孔。无论其复杂程度如何，几乎所有的封装袋都可以在一台栅栏式折页机上生产，这样的折页机至少需要有两个上栅栏板和两个下栅栏板。

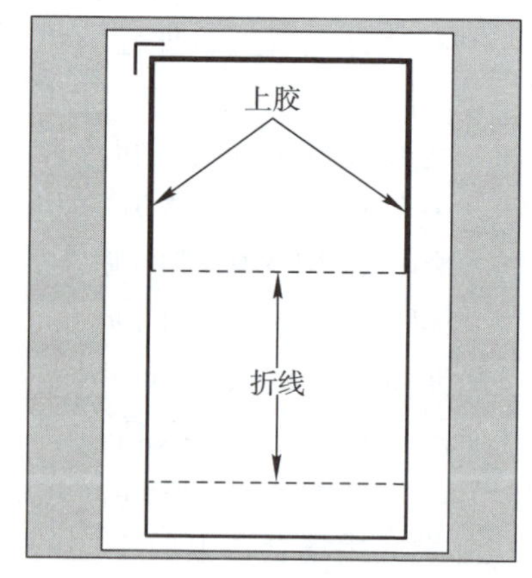

图2-3　一个简单文件夹的设计

可以使折页机具有纸制品加工设备功能的关键配件是定时上胶系统。在折页机上集成安装更有效和更有效率的上喷胶嘴的目的在于进行封装袋的制作，由于该系统内装的控制这些系统的数字电子器件，使得这一折页系统具有在基材上以极高的精度完成复杂涂胶模式的能力。

许多封装袋也需要某种类型的打孔或裁切。要在基材上进行这些操作，无须在折页机上安装其他附件，因为这些所设计的用来带动压痕、裁切和打孔工具的轴是大部分栅栏式折页机的标准功能配置。

图 2－4 中所示的信封，对于由于种种原因需要隐藏打印信息的情况是很有用的。这样的例子包括：银行需要向用户通知的个人识别号码（PIN）或账户密码、账户余额报表，以及彩票和抽奖活动的抽奖号码等。

如图 2－4 所示的信封，在其完成折叠最终形成的形状和结构中，只能在购买或接收时，通过撕掉两个打孔的侧边才能打开。信封在打开前如有窜改或非正常的开启都会很容易被发现，这样将导致信封里包含的信息（例如中奖号码）立即声明失效。

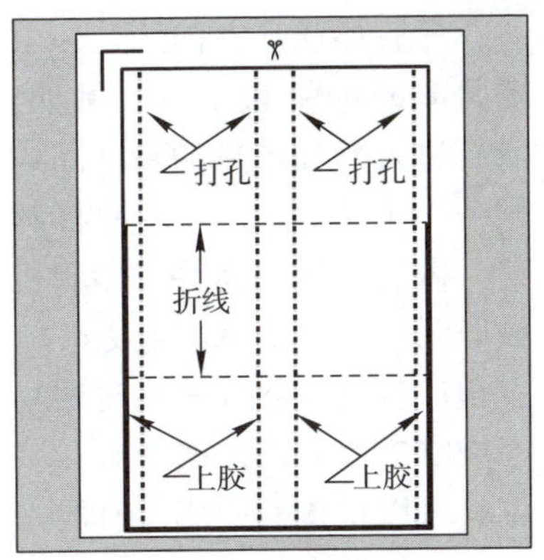

图 2－4　一种双联信封

而且，采用多联拼版的方式，可以使生产效率提高，因为折叠后的分切轴是大部分栅栏式折页机的标准功能配置，可以让两个或多个相邻的信封进行联线分切。

直邮邮件

要了解形式多样的直邮邮件，对它的基本意义做出定义是很有用的。本质上说，因为直邮邮件与印刷产品有关，所以可以说它是一个由国家邮政部门分发的印件。无论人们请求还是未请求收邮件，他们都会收到，这就是为什么它是受到相当一部分人诟病的原因之一。尽管如此，它仍然是一个非常有效的销售工具。例如，所有进入欧洲市场的新产品或服务中有 87% 是以某种直邮信件做后盾的（海德堡印刷机械股份公司，2005 年发布）。直销广告的有效性是通过回复率或响应率来衡量的。有一些工具可以量化响应率，有的是统计发回给发件人的回复卡数量，有的是统计返回的折扣券的数量，以此做出销售统计来分析直接邮寄活动的效果。据报道，响应率低的为 2%，高的可达两位数（Fenton 和 Romano 公司，1998 年发布）。通过比较，营销活动与获得直接消费订单的响应率数据依次为：销售目录(2.38%)，直接邮寄(2.15%)，电话(1.68%)，电子邮件（0.30%)，插页(0.10%)，报纸(0.07%)，杂志（0.05%）（《加拿大邮报》，2009 年 1 月发布）。如果我们暂且忽略一下这个统计数据的绝对精度，因为它们可能被相关利益所左右，但是可以作出这样的推测：有针对性地发送到目标受众，会比匿名群发邮件获得更高的响应率。

如果要促销的业务或产品从总体上讲具有吸引力，或多或少的非具有针对性地群发邮件也很有效。杂货店和快餐连锁店往往依赖于相对来说无针对性的群发邮件。也正如他们所说的："每个人都要吃东西。"

也有一些分析家认为单靠响应率不能准确地描述直邮广告活动的效果，因此他们不会去考虑像培育品牌和产品的知名度或延迟响应等这些无形的指标。这方面有几个例子，如全国性的百货公司、家用五金商店，以及消费类电子产品商店，在他们的邮件群发活动中就很看重品牌意识。

直接邮寄的有效性一直表明了它直接向潜在用户的家庭或企业的地址投递信息的能力。然而，由于并非每个人对收到的不请自来的直邮邮件中所包含的信息都会感兴趣，有时会被有负面表达效果的垃圾邮件所拖累。

出于这个原因，最好不采用地毯式的对所有的人都给予相同消息的方法。更有效的方法是使用数据库，以便把直邮邮件有针对性地发送给某个范围的人群，他们能够更容易接受直邮信件中所提到的特定物品。根据不同类型的列表，它可能包含像年龄、性别、收入阶层、背景或购买习惯等内容的一些人口统计信息。准确的客户列表是直邮活动中最重要的因素（Hodgson 公司，1980 年）。

在进入计算机时代之前，直邮邮件列表是通过专业名单编辑人员用手工方式从数以千计的不同类型列表中编制出来的，这些列表来自在商业过程和文化活动中进行的有记录的交易。这些列表以前和现在都是可以出售的。在 20 世纪 80 年代，对于特殊的名单，可能每个名字的价格高达 5 美元，不过，更常见的价格是每 1 千个名字 50 美元（Hodgson 公司，1980 年）。著名的两大分类列表是《汇编名单》和《回应名单》（Response lists）（Tedesco 等公司，2002 年）。《汇编名单》是根据可能成为主顾的人的简历编制的，而《回应名单》是根据他们过去的活动编制的。随着计算机和电子网络在人们日常活动中的普及，数据的编制已经非常方便，人口总体的信息量成倍地增加，同时信息的质量也在倍增。如今，这些名单的价格范围是，对针对性很强的响应名单进行每千次联系从 45 美元到 200 美元不等（加拿大市场协会，2010 年）。

▫ 个性化的邮件

直邮的存在已有多年的历史。数据库软件和数字印刷组合在一起也可以进行数据处理，印刷运行时就可以从数据库中动态地收到一种新类型的促销传播的信息，称为个性化直邮邮件。

严格的直邮制作过程是在装订和整饰阶段进行的，因为通过直邮邮件所传达的信息通常封在信封里，这就意味着该信息要经过折叠被装入信封中。如果折叠和信封制作阶段结合起来，就能使生产效率加大。并且在通常情况下，这个过程是在混合式折页机上完成的。

折页机的另一个优点是其固有的打孔、压痕和裁切的技术能力，所有这些都是直邮邮件制作时重要的功能。根据直邮邮件设计的复杂性，有几项其他的操作，例如明信片衬里、通过选择性插页实现个性化、贴标签、喷墨印刷、粘贴信用卡和商品样品、模切、冲孔、涂胶以及贴覆胶带等，也可以相对容易地集成到折页机上。

复杂直邮邮件的解析

要把栅栏式折页机转化为能制作直接邮件的设备，并具备制作如图 2－5 所示的直邮邮件的能力，需要折页机上安装能够进行以下操作的模块化组件：

- 裁切、打孔、压痕
- 定时打孔和裁切
- 热熔胶上胶和冷胶上胶
- 明信片衬里
- 喷墨个性化打印
- 粘贴信用卡、门票和商品样品
- 模切和冲孔
- 贴标签
- 贴覆胶带
- 粘卡片

在栅栏式折页机上进行裁

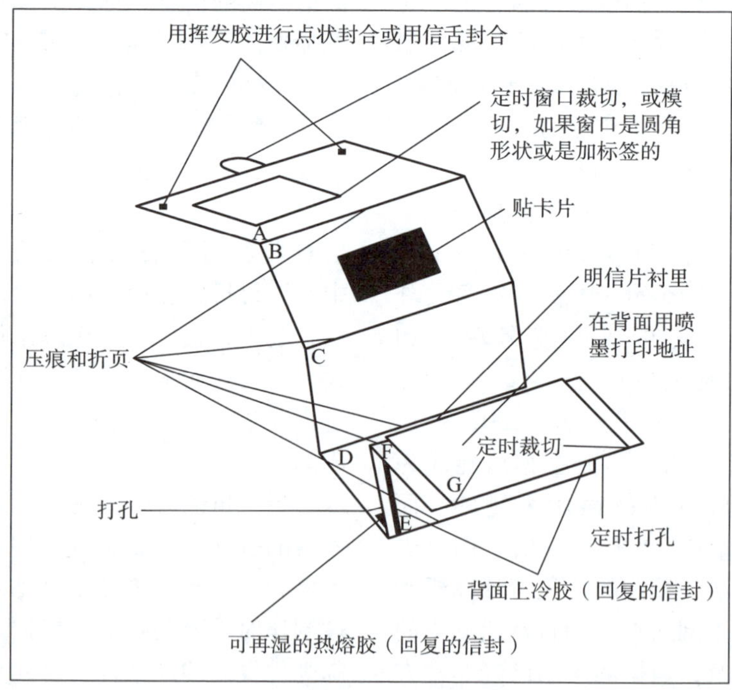

图 2－5　复杂的直邮邮件

切、压痕和打孔操作的时候，理所当然地是在折页机上安装工具的轴上进行的，这只有在裁切线是印张的全长的情况下才适用。

如果裁切线仅仅涉及印张的一部分，那么需要有定时裁切模块。定时裁切指的是裁切轮安装在移动的纵切轴上，可以通过编程序，使其根据预先定义好的裁切线落下或升高，如图2－5上面板G所示的直邮邮件的明信片部分。同样，压痕和打孔的长度也可以变化。

如果印张转到与第二个移动式分切轴相垂直的角度，就能够以这种方式裁切出矩形窗口。由于在栅栏式折叠机的正常运行中，纸张转动90°，接着可以进行与上一次折线垂直的后续折页，那么定时裁切线也可以在与上一次加工的裁切线相垂直的方向上完成。这种独特的栅栏式折页机的特点造就了图2－5中的A面上的窗口。

对于不规则的形状，带圆角的窗口、O型铁丝圈的冲压成型，冲孔、三面切书、斜向裁切和一次走纸的打孔，都必须采用联线模切装置。与折页机速度保持同步的集成安装的模切单元，可以处理平的或折叠过的纸张。这些纸张通过气动定位系统传送，以确保与印好的图像能准确地套准。

信用卡（图2－5中的B面）通过贴卡装置贴到直邮邮件上，贴卡装置把信用卡输入，并使之与可擦除挥发胶相接触。这里，挥发胶是用非接触式热熔胶枪喷涂上的。这一工序以及其他工序一起都是在直邮邮件输送台上完成的，输送台的真空吸风皮带把直邮邮件吸住，以保证与折页机完全同步运行。

物品拾放模块被集成安装在折页机的这一区域中，从而可以在直邮邮件上贴附一些体积相对厚大的商品样品，如光盘、护肤液、香水、洗发水样品等，也可以贴附比较平坦的物品。折页工序必须在贴上厚度较大的三维物品前就已经完成，否则直邮邮件无法通过栅栏板或通过折页辊。出于这个原因，预先折好的纸张要用真空吸风装置打开，以便贴上三维的物品，然后再用犁铲式折页机使之闭合。

直邮邮件上打印地址、个

性化处置、打号码或加条形码等操作也可以由喷墨打印头在这个区域里完成（图2－5中的G面）。吸风皮带能够对纸张的传送进行控制，并且提供一个平坦的成像区域来保证打印图像实现很好的套准以及良好的打印质量。喷墨打印的引擎是由数据库驱动的。该数据库可能包含数以万计个收件人的邮发信息和其他特定的信息。作为对喷墨打印方式的替代，邮寄地址也可以通过贴标签装置将预先印好的不干胶标签贴在邮件上。

可变数据印刷的使用范围可以通过多色打印头来扩大，这就是为什么携带纸张的传送带要用耐热材料制成的原因，这样可以使多色图像在通过红外线烘干时瞬时固化，从而进一步提高了直邮邮件的信息传播价值。

此外，采用回复信封是直邮邮件的一个特点，通过折页辊的压力使之在折页工序时涂布的冷胶条能够永久封合。信封的顶部有一个可再湿的胶条，这样在收件人回复给发件人时，就可以把机密的信息密封上，防止他人窥视（图2－5中的G面、F面和E面）。

在邮件的相对部位有两个挥发胶的涂胶点可以将整个邮件组合在一起。然而更永久的封合是由胶带输入机涂布的信舌实现的（图2－5中的A面）。

与简单的信封不同，由于这个直邮邮件的设计有7个面，因而不能在标准的有4个折页栅栏板的栅栏式折页机上制作，它需要有三上、三下共6个折页板。它需要单独安装工具的轴在邮件的两个主要运行方向上进行压痕、打孔和裁切操作。在通过多道操作工序制作直邮邮件的连续操作过程中，邮件折页是最后一道工序。

由最新的印刷、印后加工及配套技术所生产的直邮邮件产品超出了仅一件单纯的视觉信息传达产品的范畴。它确实也传达信息，然而却更具特点，它依赖于该印件的复杂性和内容，向收件人传递其个性化的需求、利益和愿望。此外，它也可以传递对收件人来说至关重要的项目，例如所贴附的信用卡，或者也会通过先寄送给收件人少量的样品来诱使其购买产品。也可以是一个跨媒体的东西，内含有一张CD光盘，比如说是用于展示一段音乐混成曲的光盘，然而它的完整的版本要通过上网购买。重要的是，直邮邮件为购买和支付提供了方便和安全的方法。

从本质上讲，信息传播是刺激人感官的系统。而电子形式的信息传播就不同了，它仅限于视觉和听觉信息的接收。一个印件，如这里描述的直邮邮件，就有可能刺激视觉。此外，电子信息传播，从定义来说，是由电子的相互作用才可能完成的过程，而印刷的功能则归因于原子。电子将永远无法满足人们根深蒂固地对物质材料的占有欲，而一个复杂的印件，不仅可以提供具有智力刺激特性的信息传播，也可提供物质材料的价值。

特殊的折页

栅栏式折页机本身就比其他形式的折页机能提供更多的折页形式，原因在于它技术设计上的模块化，且在一个折页装置上可以安装数量很多的折页板。有些折页机机组装有多达16块折页板，再加上一两台另外的折页机以及集成安装的可移动式刀式折页装置，其可能具有的折页方式将是非常多样的。

首先，印刷企业有不同的标准折页形式的需要，以便应对各种印张尺寸、书页幅面，以及例行生产的出版印刷物的不同版式。然而，一旦折好页的书页或书帖被加工成杂志、图书或目录册，折页的技术复杂性就被出版物的装订所掩盖。另一方面，不寻常的折页不仅保留部分或全部折页线，使它们对观察者来说是清晰可见的，而且折页的形式也成为图形设计不可分割的一部分。

虽然典型出版物的统一的页面尺寸和朝向对于文字内容来说具有良好的适应性，但是某些图形的表达则需要有不同的页面尺寸和朝向。竖放的格式可能是最常见的出版格式，因为它便于阅读。然而，一些图片的内容，如全景图，在竖放的版式中就不能有效地予以表现，这也是为什么这些图片通常要放在书帖中心折线的相对的两个跨页页面上的原因。但这种解决方案可能仍然无法满足极大的全景图，从左到右的流程图表或绘图表示的时间表等。

三个方向的门式折页（图2－6）是一种有效的折页技术，它克服了对特殊尺寸画面来说的尺寸统一问题和限制。虽然门式折页的书帖可以很容易地合并到标准书帖中，还是有一些事项需要特别注意。如果出版物必须是锁线订或骑马订，门式折页的页翼就可能要在天头和地脚处用胶粘住，否则松开的页翼会干扰用于这些装订方式的配页机。门式折页的书帖也可以通过粘单页的方式粘到相邻的书帖上。这种技术避免了难看的装订部件（如装订线）在中心折页处断开了图案的连续性。此外，门式折页的书帖必须在书脊到勒口方向上略窄一些，以防止在三面刀裁切的时候把折页的页翼给裁掉。

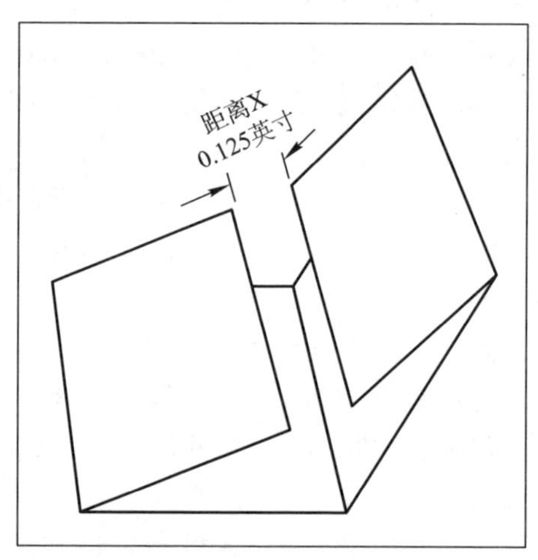

图2－6　三维的门式折页

书籍装帧设计师经常会用两页跨页的长方形或横向页面的格式来表现广角的图片，但是用门式折页与长页尺寸相结合可以实现更惊人的全景图的表现（图2－7）。

使用无线胶订方法时，书芯的书脊被铣掉了。但是，这个必要的胶订操作去掉了门式折页书帖的中央折线，从而多

图2-7 粘贴上的门式折页书帖（Clavreul公司2001）

少降低了出版物的整体感觉，因为它使图像交叠部分不连续了。

三个方向的门式折页的变种是更简单的两个方向的门式折页（图2-8）。这个门式折页的形式非常有效地增加了杂志封面向广告客户收费的空间。骑马订和胶订设备的封面输入装置在将封面加到书芯上之前，先在它们的相应机器结构中给封面压痕并产生最终的中心折。在这种情况下，中心折在折页阶段是被省略的。骑马订产品需要一条压痕线，而胶订的书刊要有多达四条压痕线，以便产生书脊以及封面及封底的开合线。

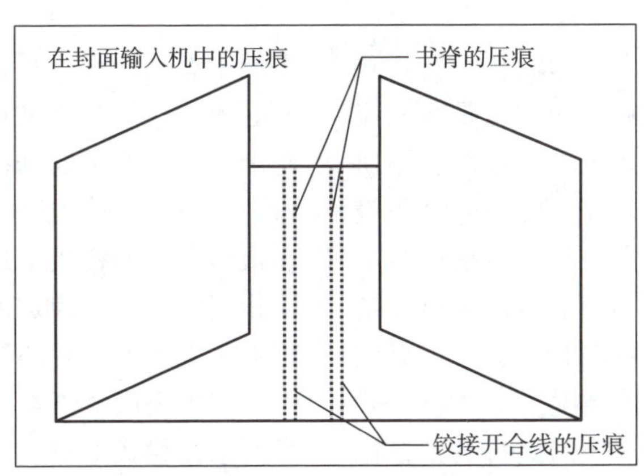

图2-8 双向门式折页的封面

要在胶订机和骑马订书机上加工的双向门式折页封面必须比杂志的内页要稍窄一些，以避免上述门式折页在三面刀中被切断的情况发生。目前出现了一些新的封面输入机，能够在三面刀裁切时把封面和封底抬起来，使得封面与封底的门式折页的尺寸与内页的大小完全相同（图 2－9）。具有门式折页页面的软皮封面还有一个附带的优点，即可以将它们作为书签来使用。

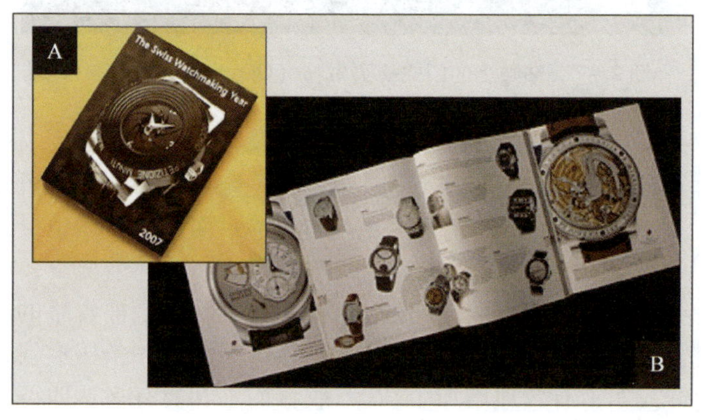

图 2－9　杂志封面（Ray，R.，2007 年）

（A）－杂志的封面采用双向门式折页，封面的尺寸与内文的尺寸是相同的；
（B）－打开的杂志，显示了封面和封底的延伸页面

除了出版印刷，门式折页对于单书帖的应用也是非常流行的，例如传单、地图、小册子或邀请函等，因为它具备设计的灵活性，其中包括从两页到八页的不同的页序和折页结构，并且可以有两页、三页或四页延展的情况。

对于双向门式折页，在标准的栅栏式折页机上，除了至少要求有两个栅栏板之外，则不必附加任何技术结构。在有两个以上栅栏板的栅栏式折页机上，应注意第二平行折页要在最后一个栅栏板上进行，以防止门式折页不稳定的页翼与折页辊发生不必要的接触。

三方向门式折页的生产技术要求栅栏式折页机装有两个上栅栏板和两个下栅栏板，而

且在第二个下栅栏板上要安装栅栏折页附件。这一栅栏板被称为四号栅栏板。虽然理论上两个上栅栏板和一个下栅栏板就足以产生三个方向的门式折页，不过还是需要一个专门的门式折页附件，因为一个页翼面对的是工艺处理过程前进方向的开口一侧，没有这个附件就会导致起皱。

门式折页附件的功能是在折帖通过5号和6号折页辊时由“折合”挡杆固定住两个外侧的页翼，使之呈闭合状态前行。门式折页附件由光电管控制，它可以检测两个相邻页翼在第二上折页装置（称为三号栅栏板）上的位置（图2-10）。

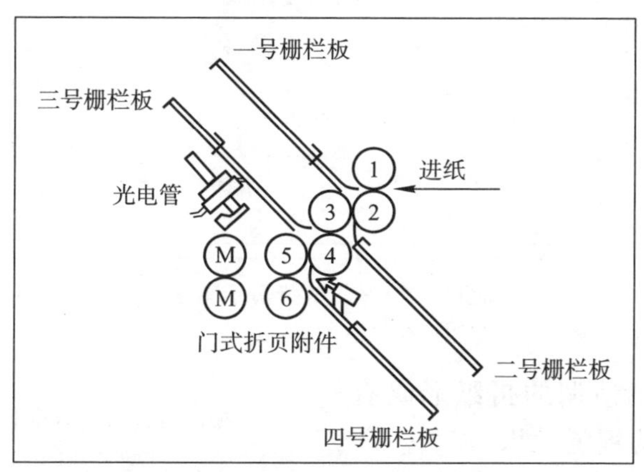

图2-10 装有门式折页附件的栅栏式折页装置

1号、2号和3号折辊的间隙必须设置成一张纸的厚度，4号折辊的间隙设置成2张纸的厚度，而5号间隙设置得比较宽松，要达到最后中心折页的8张纸的厚度，以避免起皱褶。同样，安装工具的轴的间隙通常以M表示，必须设置成8张纸的厚度（Furler公司，1983年）。防止起皱而采取更多措施是让两个相邻的门式折页的页翼间的距离为0.125英寸。虽然有可能使这个间隙更小一些，但是应注意，两个页翼越靠近，则光电管就越需要准确定位。

栅栏板挡块根据三方向门式折页进行如下调整（图

2－11)：

对一号栅栏板：1/4 纸张的长度－距离 $x/2$

对三号栅栏板：1/2 纸张的长度＋距离 x

对四号栅栏板：1/4 纸张的长度＋距离 $x/2$

（这里 x = 两个页翼之间的距离）。

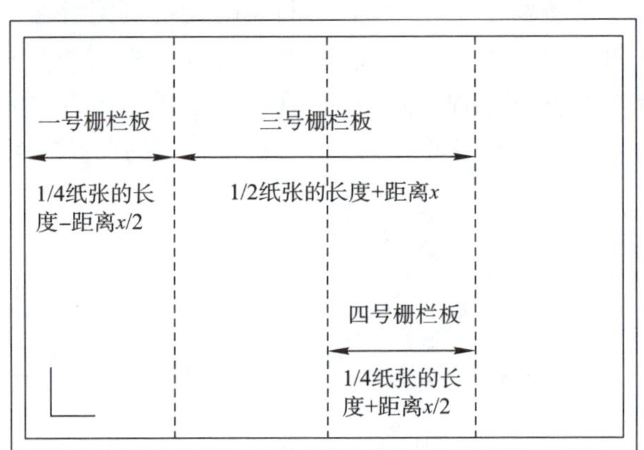

图 2－11　门式折页示意图

异国情调的折纸形成有趣的视觉效果

Origami（手工折纸）是日本传统的折纸艺术，揭示了把平的纸张折叠成种类繁多的具有视觉刺激的造型结构的巨大的改革潜力（图 2－12）。

工业应用的折页机虽然不是很符合这一古老的艺术形式的要求，但在一位有经验的操作人员的手中，经过对标准的折页机设计增加专门的附件或改动，就可以产生相当复杂的折页结构。

实际上，最基本的折纸构建模块，只要在折页机上使用定时压痕和定时裁切功能就能做出来。在其最终完成的状态，当用户将这个纸件打开 45°时，就会弹出一个类似帐篷状结构的东西，在这个折纸件完全打开时，它又会塌落成一个摊平的位置。这里有两种变体——对称和不对称的弹出式帐篷折纸，它又被称为货架折页。图 2－13 所示为对称和非对称的帐篷式弹出纸件的版式。

图 2－12 弹出的手工折纸造型（Carter，A，Diaz J.，1999 年）

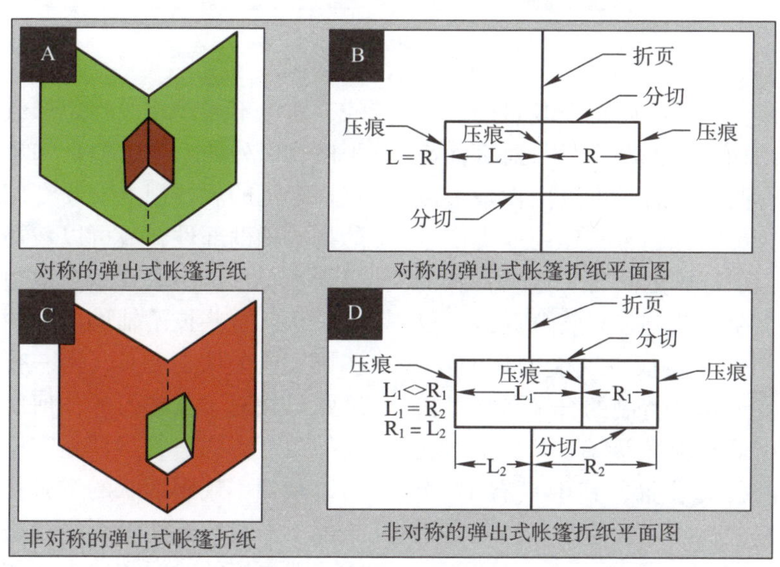

图 2－13 复杂的折页结构

只要栅栏式折页机有足够的栅栏板，就可以在一台折页装置上生产相当复杂的产品。一种小册子格式的复杂产品，俗称金字塔折（图 2－14），就可以在一台折页机上生产出来，最终成为多页的小册子或小折子。金字塔折可以一次生

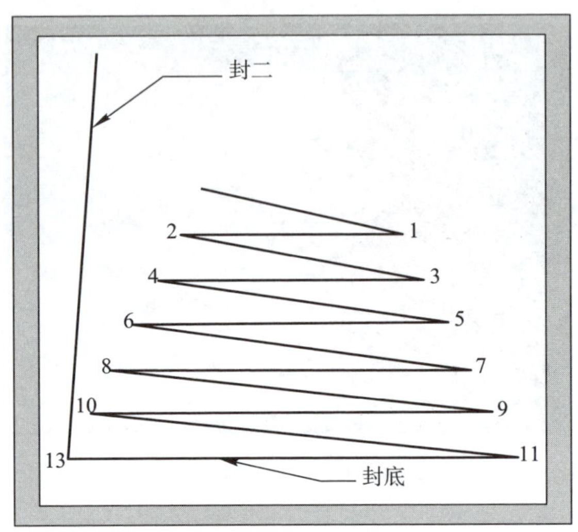

图 2 – 14

成要出版的内页及其封面。其结构固有的特点是每对页面都有凸出的唇，可以用作章节或分部的标题，其作用亦类似于索引标牌的凸舌。这个特殊的金字塔折有 24 个内页，仅仅经过顺序折页就能制作成型。完成这个特制的金字塔折的机械需求是安装有 14 个栅栏板的折页装置，其中只有 12 个栅栏板实际被使用。

在“矩形”之外思考问题

用不是矩形的纸张进行折叠可以实现有趣的视觉效果。由于自动切纸机的后面和侧面的规矩永远是彼此成直角固定的，通常不能裁切成除矩形纸张格式以外的形状。但是如果在切纸机的后挡规上安装专用的技术辅助部件，就可以裁切出既不平行也不垂直于其他边的形状。这些技术辅助部件的作用实质上像是夹具，使一沓纸张以相对于裁切刀的任何所需的角度对齐，一旦调整完毕后，裁切不规则形状的纸张格式就不需要比裁切矩形纸张格式花费更多的时间和精力（图 2 – 15）。此外，在这种情况下，如果切断的部分可以产生两个相同的形状，就可以增加一倍的生产率，并可以消除浪费（图 2 – 16）。

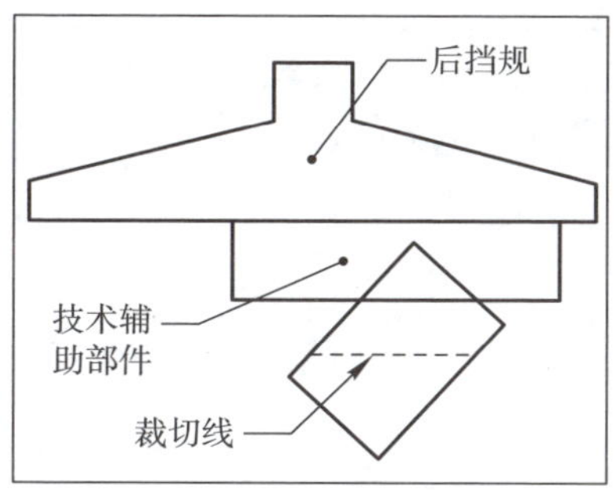

图2－15　装在切纸机后挡规上的技术辅助部件

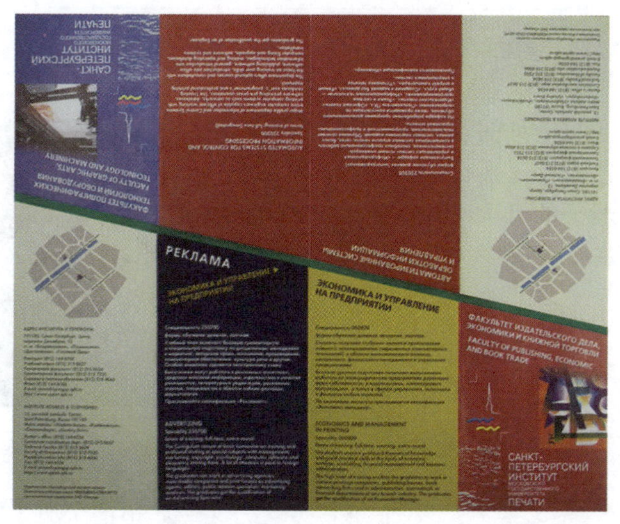

图2－16　双联印刷的不规则形状的小册子（图为裁断后的状况）

将这两部分裁切分开后，以风琴折的格式折页，可以在不加任何专用装置的情况下进行加工处理，只是要使用第二、第三、第四折页板，并把每一个折页板都调整为纸张长度的四分之一（图2－17）。

这里所完成的产品是一个八页的小册子，有3个三角形凸起部分作为标签，以一个不寻常而又功能化的有效方式为读者提供即时的内容信息（图

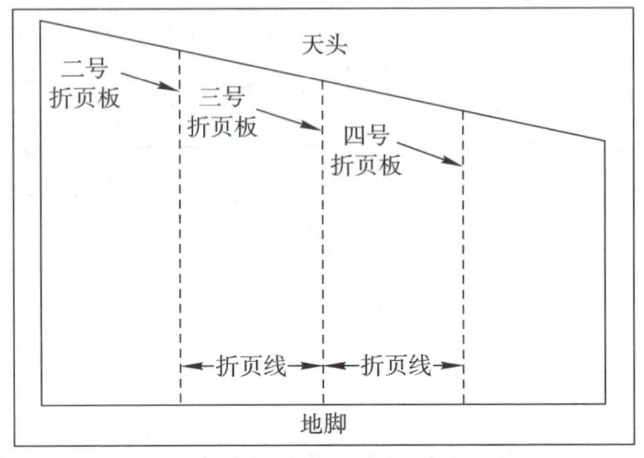

图 2－17　不规则形状小册子的折页示意图

2－18）。每一页的背景用大胆的对比色进行变换，进一步增强了小册子的可读性和视觉吸引力（图 2－19）。

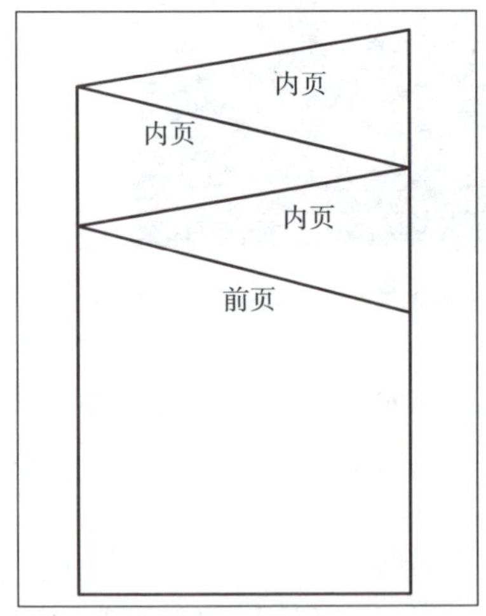

图 2－18　八页小册子示意图

图 2－19　八页小册子

一些三角形小册子不用折页技术也可以制作。例如扇形的小册子，肯定会吸引读者的注意力（图 2－20）。这本小册子预想在三角形页面展开后形成扇子的形状。新颖之处在于其方便性与功效作用的结合。因为扇形的书本格式被装订成一个容易拿取的多页架构。与常规的小册子格式不同，所有面对读者的页面不必费什么力气只需要用手指在页面上滑过就可以一下子都看到了。只需要从两侧一挤就可以很容易地把小册子返回到封闭的三角形外形中，或者只需要从顶点简单地晃一下就行了。

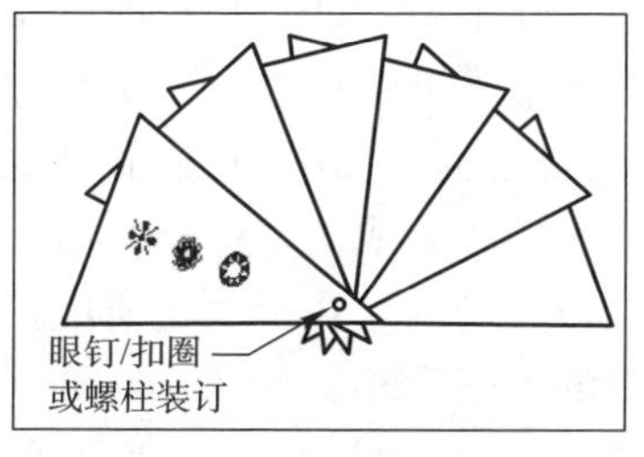

图 2－20　十二页的扇形书

这本十二页的小册子的页面是由孔钉或扣圈装订在一起的，但是如果使用螺杆作为装订部件，实际上还可以加上更多的页面，其螺杆的长度可达 7.62cm。

印刷的高效率是通过印刷多联页面的方式来实现，然后通过装有裁切辅助部件的切纸机将印品裁开。等边三角形和等腰三角形是制作扇形书结构的最经济的形式，因为它们有固定的裁切辅助部件的安装位置，并且可做到最少的浪费（图 2－21）。

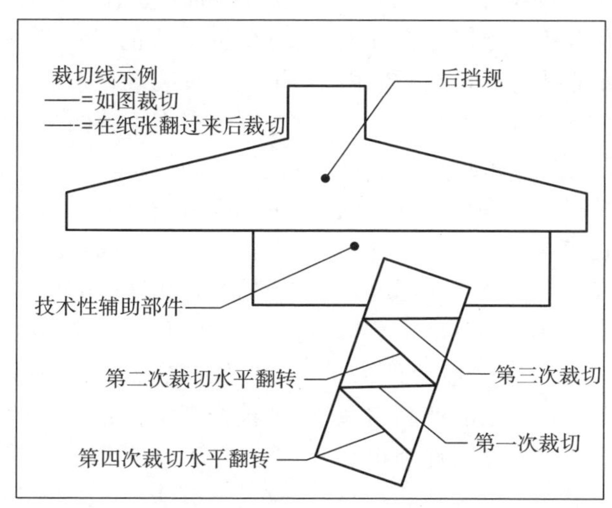

图 2－21　三联方式印刷的三角形页面的裁切图示及裁切顺序

异型折页画册

对于很多更复杂的折页项目，要想精确地说出它们的制作方法往往不太容易，因为为了保护各自的竞争力，专业装订企业要保有制作非标准折页方式的技巧，如三角形、弹出式、锦旗式、多面板、交叉型、锁架型、扭转型或者是相当紧凑的循环折。更重要的是，成本和时间因素排除了手动折叠方式的使用，而使得机械折页成为除了极小数量之外的各种折页加工生产仅有的经济可行的生产模式。

总之，模切、犁铲式折页、定时裁切、分切和上胶配件都是专业装订人员在他们需要时用到的工具包的组成部分。但有时这些折页机配件可能不足以制作某些折页方式或折页面的结构，因此，一些专业的装订人员甚至会使用喷灯和焊接设备来改动标准折页机的设计，以产生理想的效果。在图 2－22 中所示的产品表现出在技术魔力、创造性和折页机操作人员的经验和技能的组合下，所能制作出的非标准形状、效果和折页面结构的令人惊奇的扩展空间。

大幅面的折叠项目

对非常大的图像进行折页，如要插入到日报类报纸、杂志，或通过邮寄发送的海报，就是要把印品折叠成合适的大小以便放到给定的载体内。除了要考虑折页机能够接受的最大纸张尺寸外，不需要对标准的栅栏式折页机做其他特殊的改动或增加配件。市面上最大的栅栏式折页机所能接受的纸张大小大约为 160cm × 203cm，这也恰好是接近非常大幅面（VLF）单张纸印刷机纸张幅面的上限。因此，如果每个折页机的第一折页装置、第二折页装置和第三折页装置分别装有六个、四个、两个栅栏板，即使是最大的印刷项目也可以由一个标准的栅栏式折页机进行折叠成与前述大多数应用场合相适应的尺寸。

地图是一种典型的大幅面的印刷产品类别，正越来越多地被全球定位系统（GPS）所取代。不过地图还是有很多人喜欢，可能永远会是导航世界的几种方法之一。由于有些地图可能在一个方向上要有 12

图2－22 非标准形状折页

(A)－一件式模切弹出折页；(B)－三角形折页；(C)－信号旗折页；(D)－PMC模切折页；(E)－一次走纸完成折页、上胶和模切；(F)－锁架（用镊子锁紧）；(G)－离线折页的弹出盒（在页面合上的时候是平的）；(H)－循环折（折成6个不同的位置）；(I)－扭转折（在拉开时扩大到原始尺寸的4倍）；(J)－七折页面的直邮邮件

个以上折页面，用于地图的折页机不仅需要能够接受大张的幅面，而且还需要有3个折页装置，其中1个折页装置可能需要多达16个栅栏板。

某些专用的地图是在专门设计用来制作这样一种折页模式的折页机上生产的，即可以让用户在观看地图的其中一部分的时候很像是在看书页。这种类型的地图是由德国的Falk-Verlag地图出版社率先出版的，现在仍然被认为是最便于用户查看的地图。在其20世纪60年代和70年代发展的鼎盛时期，仅仅靠这个独特的有专利的折页模式就催生了数百万美元的生意。

另一种不寻常的地图常常可以在城市旅游指南里找到。这种弹出式的地图在门式折页的页翼打开时，由一个八角星纹样展开。尽管这种类型的地图在打开时还没有一个小盘子大，但是需要注意的是，我们在这里的讨论重点是地图而不是它的大尺寸。这本包含有弹出式地图的旅游指南在书脊上还有一个正在工作的指南针和一个笔夹，其中还包括在这本64页的出版物的中心折页里夹入的一支笔（图2－23）。

图2－23　袖珍旅游指南的特色配置

（A）－工作的指南针；（B）－弹出式地图；（C）－中心折，包括一支笔和笔夹

要列举一些为增值印刷产品赋予卓越价值的例子，那么这个袖珍旅游指南是再好不过了。它拥有旅游者在陌生的环境中导航的全部需求：给自己定方位，或者记录下他的游览印象，并可以研读一个城市所必须展现的引人入胜的景致，所有这些基本上都能够通过在手掌里翻翻页面得以体验。同样重要的是其鲜明的形体外观和有吸引力的设计，使得它非常适合作为纪念品或纪念物，这与那些依赖能源的、脆弱的并且往往是不直观的，通过内置 GPS 绘图和互联网搜索来实现类似功能的电子设备是不一样的。

小幅面的折叠项目

按理说，小小的消费品所配的文档也应同样小。就像装在一个小瓶里的药丸那样的微不足道的对象，其伴随的文字说明不该是很大的。同样，文档应该能放入盛放物品的容器中（图2－24）。

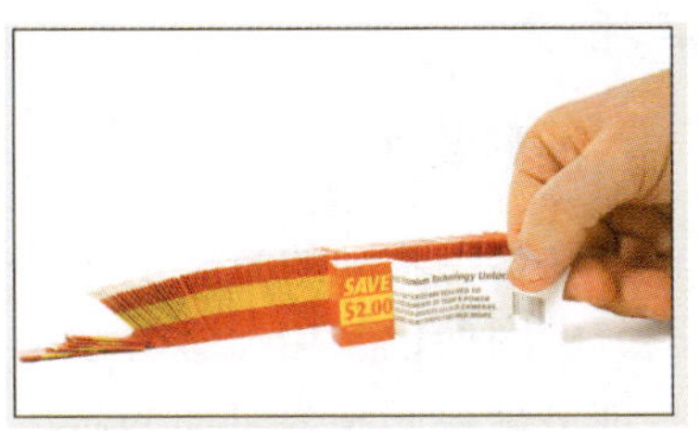

图2－24 纽扣电池的说明文档

纽扣电池、可移动的 USB 存储介质、手机、MP3 播放器、内存芯片、全球定位系统，以及其他各种相对较小的电子产品都需要很长的用户说明文档，而这些文档可能不得不放进一个火柴盒般大小的零售包装里。

为了使这种类型的文档与它们所描述或参照的物品成比例，就必须使用专门为小幅面折页需求而设计的折页机。这些折页机的配置多达 14 块栅栏板，每一块栅栏板都能够生产尺寸在 18mm 或接近 0.75 英寸的折页面宽度。重复的折页顺序、小幅面以及低克重纸张的组合效果，可以产生与最小消费品相称的多页文档。

做出各种消费品向微型化发展的趋势的推测是一种相当安全的判断，尤其是在计算机电子领域，将导致对小幅面的文档需求的不断增加。进一步强化这种分析的依据是公众意识对环境的日益重视，这种微型化更有利于节约能源和材料消耗。

图形装饰

在各种不同的材料上采用凸起的图像以及用镀金方法来装饰书籍封面和内页面的做法很早以前就有。早在公元前4500年，美索不达米亚人就用圆筒形印模在湿黏土上滚压出凸起的纹样，而且人们使用烫金技术来装饰书籍封面也已经成为中世纪图书的一个显著特点。

这些古老的整饰技术对于今天的印刷产品来说仍然没有失去其吸引力，但是在过去，因为它们需要很高的制作成本而几乎从来没有看到过在日常使用的印刷品上使用。这样的定律在今日却被打破了，在成本相对较低的平装书印刷领域尤其引人注目，书封上出现的奢华装饰，如有光上光、局部上光、模切和各种压凸技术当前已经是很常用的加工工艺了。更典型的增值产品种类在贺卡、标签和高档豪华包装印刷领域，其当今的产品复杂性以及对质量的期望值甚至超乎想象。

无论产品是什么类别，传统的非联线的特殊工艺效果的制造方法都太过昂贵了，这就是为什么一些复杂的印后加工工序现在已经与印刷过程一起联线进行，而且最近更是使用组合印刷机，把多种印刷和印后加工工艺融合在一个机械系统里进行加工。这些经过改善的高效率生产可以在相对平凡的印刷品之中，融入以前只在一些独特的豪华产品类别中才有的很多特殊的效果。

压凹凸

压凹凸是一种能够在承印材料表面产生实际三维图像的工艺，它由一个凹下的压凸模具（又称阴模）与一个相匹配的只不过是凸起的压凸模具（阳模）加压而成。当承印材料基板受到两块模具之间产生的压力时，就会形成相应于两块模具的图像轮廓的凸起图像（图2－25）。一个方向完全相反但其他加工过程完全相同的工艺，则是分别由代表凸起图像的凸模和相应的代表下凹图像的凹模在承印材料上加压形成凹下的图像。这一工艺过程通常被称为压凹。此外，也可以在同一套模具上进行压凸和

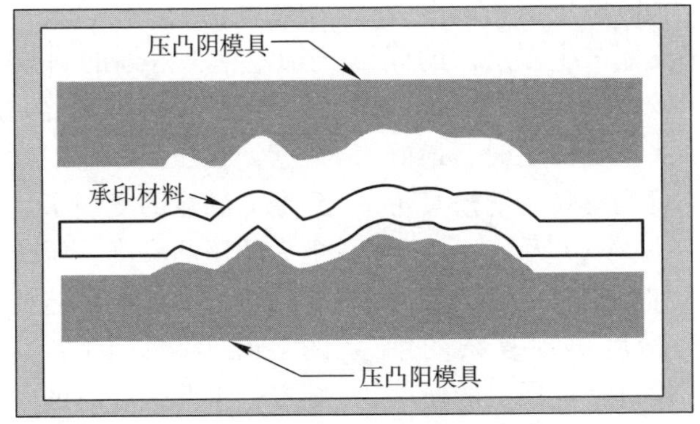

图2-25 压凸工艺

压凹印件的组合加工。

如果图像是完全由凸起或凹陷的区域所组成的，也就是说没有着色剂来定义图像区域的色彩，这个图像就称为素压凸。在素压凸的图像上增加色彩的一种工艺是使用胶印方法或其他印刷工艺先印出图像，然后在第二次独立走纸时通过完美的套准在已印图像上压凸。这个工艺有时也被称为套印压凸。

要压凸的图像的深度是由纸张内部的和表面的强度及其厚度综合决定的。其深度范围在0.15～0.64mm（Tedesco公司，2005年），而0.25～0.38mm的深度范围是常用的平均值。随着模具深度的增加，图像边缘被切破的风险也就越大。还有两个通过压凸设备调节功能所控制的因素是热量和压力。虽然压凸可用也可不用加热模具来压制，但是采用后者加热的方法时，对于某种给定的基材，只要温度能保持恒定并且达到相应合适的水平，就能产生更好的效果。

两个模具之间对承印物施加的压力，不仅决定了压凸深度，同时也决定了所设计图案的图像清晰度。

压凸模具可以用镁、铜或黄铜制成。镁模具的耐印力大约为5000印，与铜和黄铜的模具相比，其图像细节没有那么清晰和鲜明。镁模具是通过照相制版后以化学蚀刻工艺制成的，这种工艺与雕刻工艺有所不同，不能产生清晰的图像边缘，也不能产生多层次的深度。对于较大批量的加工或者希望有多次重复加工时，最好采用铜或黄铜模具。铜模具可持续加工大约 10 万印，用于加工模具的雕刻工艺则能够以很高的清晰度再现复杂的细节。黄铜模具是最昂贵的压凸模具的类别了。它们是以雕刻工艺制作的，有时完全是靠手工完成，而且不仅能再现极高清晰度的图像，其耐印率也可超过 100 万印。

不过话说回来，压凸工艺的图像复制也有局限性。线条的宽度小于 2 磅，文字字号小于 12 点、精细的衬线、网目调甚至极其精细和复杂的设计元素，在压凸工艺中就无法得到令人满意的复制了。要获得更大的压凸深度，压凸工艺就要比正常的印刷工艺要求更宽的字距或字母间距，其设计图案接近纸张边缘时的距离不得小于 1.25cm，以避免起皱。

压凸模具（图 2－26）可以加工成单层、多层、有斜面边缘的、圆滑过渡边缘的。在压箔烫金工艺中可以看到另一类所使用的模具，被称为平模。

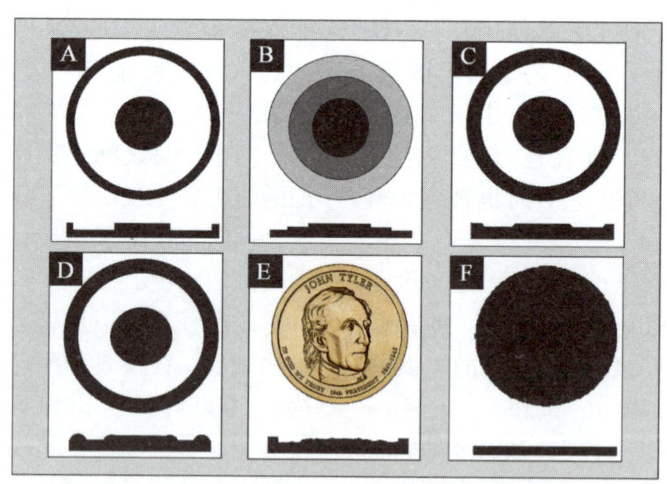

图 2－26　压凸类别的俯视图和轮廓示意图

（A）－单层；（B）－多层；（C）－斜面边缘；（D）－圆边；（E）－雕刻；（F）－平模

单层模具，顾名思义，产生的压凸轮廓只有一种深度级别。单层模具的典型应用是没有复杂细节表现的饰缘和粗线条的徽标等。

多层的模具能够产生两个以上不同层次的深度，复制出的图案有多维的特点，或是有渐变的细节。多层次的压凸作品要比单层的压凸作品更复杂一些，原因在于它需要多次单独的机械加工并且每一深度层次都要有制模胶片。素压凸工艺强调的是多层次模具能最有效地表现有维度的深度效果。

斜面边缘的模具能使压凸的图像产生附加的立体感。斜面的角度范围可以在30°~60°，但对于大多数图像，30°~45°的角度的效果最好。斜面边缘的模具能够在最厚重的纸张上产生最显著的立体效果，而较轻的纸张往往不够厚，体现不出斜面边缘的模具产生的微小的斜坡。

圆角边缘的模具往往在复制主要由圆形的场景或物体构造的图形时是首选，由这种模具产生的圆边对图形有强化作用。

雕刻模具是最昂贵的压凸模具类别，因为它必须以非常密集的手工劳动的雕刻方法（通常在黄铜上）来制作。雕刻的模具能复制随机变化的深度和斜坡，正因为如此，它所重现的立体感比任何其他的压凸技术都更加真实。当配合使用素压凸工艺时，其视觉效果进一步得到加强，原因在于当压凸的图案下面印有图片时，会使其雕塑的外观效果减弱。

作为一般规则，图案的细节越细、越复杂，模具上凹下的深度就要越浅一些。对于粗犷的图像来说正好与之相反。

由计算机辅助绘图（CAD）驱动的计算机辅助制造（CAM）激光雕刻方法，在上述除了最复杂的雕刻模具之外的各种模具制作中，都越来越多地取代了机器雕刻和化学蚀刻工艺，从而促进了模具制造，并且降低了成本。

可在长丝绺的厚重纸张和非涂布纸上获得不错的压凹凸效果。轻量纸往往过薄，很难充分表现压凸工艺所需要的深度特点。涂料纸和上光的纸张往往会因为锋锐的模具边缘和压力作用而造成破裂。

■ 烫金压凸/烫金/全息烫印

从本质上讲，烫金压凸是一种在压凸的同时增添了色彩的工艺。这里的着色与压凸同时发生，即将一层非常光滑的金属色层从压凸模具和承印材料之间运行的箔带上实现转移。在压印的阶段，压力和热的共同作用把金属色和热熔胶层（涂胶层）从箔基薄膜转移到承印材料表面。这个工艺将按照一个重复的长度循环往复地持续运行，在随后的每次压印时，不断控制箔带从输入卷前进到复卷轴上。

由于箔带的色层更容易传递到平坦的表面而不是倾斜的表面，斜面边缘的和雕刻的模具可能无法把颜色转移到设计图案的各个部分。

箔的颜色包括金、银、铜和铝以及其他金属色。此外，还有各种各样的纹样，如皮革、大理石、木材或三维的几何设计图案等，可以供设计人员用来产生所需的颜色和触觉纹理效果。

烫金的图像是与热箔压凸图像不同，它们没有浮凸或凹入的轮廓（图 2 －27）。由烫金工艺所转移的图像从根本上讲是凸版印刷工艺（凸印），因此，它是通过凸起的模具在平坦的表面上压印，使彩色图像从箔带转移到承印材料上。这种工艺产生的色彩效果与烫印的效果很相似，只是缺少承印材料上凸出或凹下的变形。

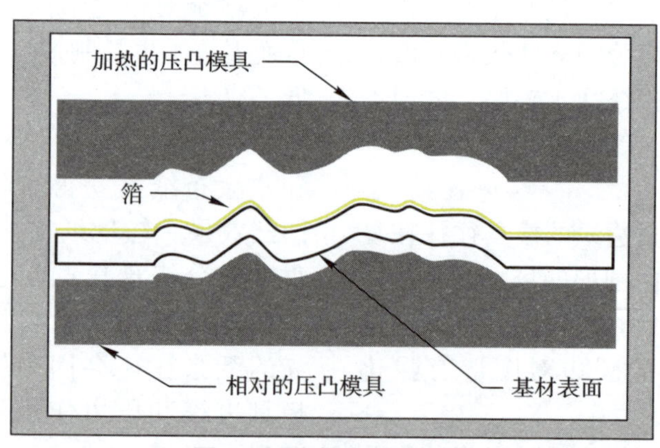

图2－27　烫印压凸工艺

烫印也可用于把全息图转移到各种印刷品上，包括信用卡、有价证券、产品认证的证书、著名品牌的产品包装、门票、公共汽车月票、流通证券或任何其他可能会受到伪造复制的项目。

虽然从科学意义上讲，全息图很复杂，但在印刷行业并不是一种新的印刷增值的概念。第一个高品质的激光成像的全息图在 1964 年（Leith 等）就开发出来了。金融机构是第一批采用全息技术的商业用户，用以防止信用卡被肆意假冒。早在 1984 年，大多数的 Visa 信用卡中加上了鸽子商标全息图，用来防止假冒。其他信用卡公司，如万事达公司（MasterCard）也在短期内纷纷效仿。第一个使用全息技术的著名杂志是《国家地理》，在印数达到 1100 万册的 1984 年 3 月号上采用了全息图点缀的封面。

全息图可以复制比其他复制技术更为真实的两维或三维的物体或场景。它们的制作是在环境和振动受到控制的摄影工作室中，通过采用特殊的光学原理实现的复杂的摄影工艺。订制全息图能提供最大的防伪安全保障。除了技术工艺的复杂性之外，其原始模型几乎是不可能重复复制的。此外，全息图无法通过扫描仪或照相的方法进行逼真复制。但是这种安全保障需要花费可观的费用。要从原始模型制作出一个定制的全息图，需要制作一个被称为垫片（shim）的镍模，其制作的费用加上工艺的设置，成本大约为 12000 美元。在一次性支出中还要加上 2500 美元来支付 24 英寸宽 × 5000 英尺长的主铝箔卷，用它可以制作出大约 120 万个清晰套印的图像（0.75 平方英寸），或 150 万个有设计图案的图像（0.6 平方英寸）。这样的总成本大约是 14500 美元。整个过程相当耗时，根据所设计图案的复杂情况，可能需要花费 8 ~ 13 个星期来完成。

成品材料的随机无商标重复纹样，亦称墙纸全息图，是一种较低成本的替代方案。然而，由于这些类型的全息图是用于一般用途的，它们并不能提供像定制全息图那样的防伪效果。按照某个供应商的价格信息，订制现成的全息图的价格是每千平方英寸5.00美元，相当于7.75美元/平方米。

全息图像有四种类型：①纹样或几何图案设计；②两维或三维表现的无生命的物体；③能产生三维效果的分层多平面图像；④能再现运动感觉的立体图像的最昂贵的全息图像。

烫金有很多潜在的隐患。在热箔压凸或烫金工艺之前，在印刷阶段使用的防蹭脏喷粉应保持在绝对最低的限度。防蹭脏喷粉颗粒如果被保留在箔的下面，便会造成难看的不规则表面，并降低压箔对承印材料的附着力。

烫箔的文具产品（例如信纸、信封）很有可能会在激光打印机上打印，在墨粉融固阶段，承印材料会暴露在大约149℃（300℉）下（Nothmann，1989年）。因此，必须保证压箔具有耐热性能。

如果设计图案要求使用两个叠加的烫箔区域，则必须使用特定的能够进行叠加烫金的烫印箔。

当把箔烫印在涂料纸上以后，水性涂料和无蜡涂层工艺可以提供烫印的最佳表面，同时在使用UV型或蜡含量很高的光油时应注意，因为这些蜡会降低承印材料对箔的接受能力。箔材料也不能附着到含有大量硅材料的表面涂层上。转移到覆膜材料上的箔的表面张力应为40达因/厘米。

大面积烫印箔的实地容易出问题，因为这可能会导致气体被烫印在金属箔与承印材料之间。这种情况可能会导致烫印箔起泡。一种预防性措施是在模具的表面喷沙，它能使烫印箔的承印材料表面产生纹理，可以让气体逸出。作为这项措施的结果，可能会产生一个亚光的烫箔表面。

烫金在涂料纸上能产生最好的效果，而含有25%织物纤维的上等皮纸是文具材料的一个不错的选择。全息图的视觉效果在涂料纸或平滑的纸张表面也能得到最好的效果。

烫金机上与烫印模具有关的施压部件可以做成平压平、圆压平，或圆压圆的构造。

在平压平的烫金机上，模具和压板都是平面的压力部件，称为平压机。模具和压板相向摆动，箔和承印材料被夹在中间。在承印材料厚度很厚，或是承印材料没有足够柔韧性与其他类型烫金机的曲率贴附时，平压平烫金机是首选的机器类型。

两个平面的部件互相施压，必然比压力区域仅仅局限于滚筒作用区的滚筒压力部件需要更大的力。这就意味着平压平型烫金机的能源效率低、速度慢，而且不能够像滚筒型烫金机那样转移大面积的烫金区域。当处理很难弯曲的极厚的卡片纸和纸板时，平台印刷机则是唯一可用的设备选项。

圆压平烫金机的结构设计在很窄的线性压力区把箔转移到承印材料上，使平面型的模具在滚筒作用下向前运动，这样能够在烫印大面积的金属箔时，不会受空气和热量产生的气体影响质量。极精细的图像元素通过平台滚筒式（圆压平）印刷机进行烫箔也同样具有很好效果。最近制成的一些烫金机的速度高达每小时8000张。

平台滚筒式印刷机的主要缺点是，在圆柱表面绕着的纸张材料是要弯曲的，这可能导致一些极厚的或不柔软的承印材料产生裂纹。这种问题在滚筒直径小的机器上特别普遍。

基于圆压圆原理设计的烫金机与圆压平型机型具有相同的功能，但是，两个圆柱表面相互旋转的动量可以有更大的生产速度。一些现代的轮转烫金机每小时可以在1048mm×720mm的纸张幅面上达到12000张生产速度。这些机器的卷筒纸输纸机型可以实现更大的生产力，可以达到3m/s的生产速度。

虽然全息图应用和烫金的一般原则是相同的，但是全息图印刷需要更高的精度，这是在现代化的烫金机上通过电子套准系统和数码照相技术来实现的。

现代单张纸烫金机（功能也和压凸和模切机一样）配备了以摄像头为基础的套准系统，以确保箔与预先印好的图像的完美套准。这些机器也用于全息烫印，能够检测连续全息箔上的垫片线。一个装有图像检测软件的线性摄像机几乎能消除这些很难看的接缝线。然而，直到现在，接缝线在烫印连续的、随机的通用衍射箔时都是不可避免的。那些能处理从0.10～1.50mm厚的瓦楞纸、生产速度高达8000张/时的机器，几乎要接近单张纸胶印机的生产能力。要能够具有良好的烫印质量，并且再现细腻的设计图案，烫印机必须能够达到300吨的烫印力，并且具有横向可调热控制的功能。

冷箔转印

冷箔转印不是新概念，但其在近年来才被人们更广泛地接受。几家主要的印刷设备制造商都对这项技术采取高度融合的态度，使之成为一个恒定、高效并且成熟的工艺过程。

该项工艺的称谓很多，如冷箔转印、冷烫印或冷箔印刷等，但从其基本原则来说，冷箔转印的术语可能更合适，因为它既没有烫印，也不是一个名副其实的印刷工艺。烫印和冷箔转印的主要区别是冷箔转印的过程中不需要热量。

冷箔转印为人们所接受的主要原因是这项工艺能够相对容易地与胶印机或柔印机进行机械集成。下文的讨论与在胶印机上进行联线冷箔转印有关，因为，除了一些重要的技术细节外，冷箔转印的概念就等同于胶印和柔性版印刷。

冷箔转印的最终目标（就像烫金工艺的最终目标一样）是把箔材料附着在承印材料上，但这是最终的相似之处。冷箔转印与烫金不同，它不需要烫印模版。取而代之的是用印刷工艺的图像载体来限定箔材要附着的地方，在胶印印刷时，用的是胶印板材。

一些较新的传统多色胶印机可以加装一个冷箔转印的系统来印刷多色图像，并在一次走纸中完成印箔的操作。

在印刷机的第一机组上印刷一种专门的油性黏合剂，通过传统的胶印机组和印版即可实现。印刷在承印材料上的黏合剂代表图像区域，第二个印刷机组将把冷箔转移到这些黏合剂上。由于黏合剂的流变性能类似于印刷油墨，极其精细的图像元素也可以转移到承印物上（图2－28中第一阶段）。

金属箔从输纸卷上展开，然后进入第二印刷机组橡皮布和压印滚筒压印接触区，黏性黏合剂将箔层从聚酯片基上拉下，转移到承印材料上。用过的箔在复卷轴复卷（图2－28

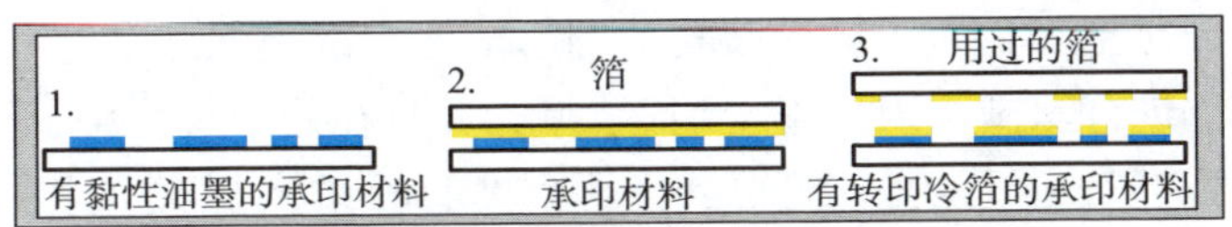

图 2－28 冷箔转印的各个阶段

第二阶段和第三阶段）。

如果印刷机有 6 个印刷单元，烫箔的区域可以和其他四个颜色，包括四色加网套印图像一起叠印。由于这种工艺近乎无限的色彩和色调加网组合与银色或金色的金属箔基层混合，可以产生很好的颜色组合和效果。

无论是传统油墨或是 UV 油墨都可以用于箔的叠印，但传统油墨在套印后需要再涂一层上光层。

印制像箔转印图像这样的联线增值印刷可以明显地提高生产效率，但使用胶印工艺来进行这两项操作有更多的在加工和材料成本节约方面的好处，因为图像载体（印版）的制备工作和所使用材料这两项在采用胶印印版时都要比使用烫印模具大大降低。此外，胶印操作已经有了制备冷箔转印图像载体所需的印前基础设施。而只用一套印前处理工作流程对印刷和烫箔两种成分进行处理，会使这种组合工艺明显得到简化。

钢模具雕刻

钢模具雕刻，又称钢版雕刻，是经常使用的凹版印刷工艺，常用于印制货币、股票、邮票及其他流通证券。因为它所具有独特的，凸起的图像外观，也因为它不能轻易地进行复制，因而在一定程度上可作为防伪手段。表示货币价值的盲文文字对视力有障碍的人是非常有利的，这也可以通过钢模雕刻加工来印刷。

与压凸模具类似，钢模具也可以用手工、比例绘图装置、数字控制的机械雕刻或激光雕刻方法来加工。加工时对淬硬的平面或圆柱形钢表面进行雕刻使图像区域下凹。

钢模雕刻印刷机通过一个短墨路的输墨装置把加热的油墨输送给模具，以降低油墨的黏度，从而保证油墨渗透到最小的墨穴中。单一的印刷机组可以同时把来自多个输墨装置的墨色进行印刷，因为每个输墨装置都是通过涵盖图像载体特定的不同部分的分段墨辊来上墨。钢模具表面上的油墨随后由刮墨装置抹去，从而清除非图像区域的油墨，同时在凹陷的图像区域保留了油墨。承印材料然后进入钢模具和软质压印辊之间，在压力作用下使之进入钢模具上凹下的区域，并且在这个过程中，吸收了凹下的墨穴里的油墨（图2－29）。对承印材料施加的相当大的压力，将导致承印材料表面的图像区域变形，因此使得印刷图像具有独特的凸起的油墨轮廓，同时又不损失细微的文字部分的清晰度和分辨率，例如头发般纤细的文字笔

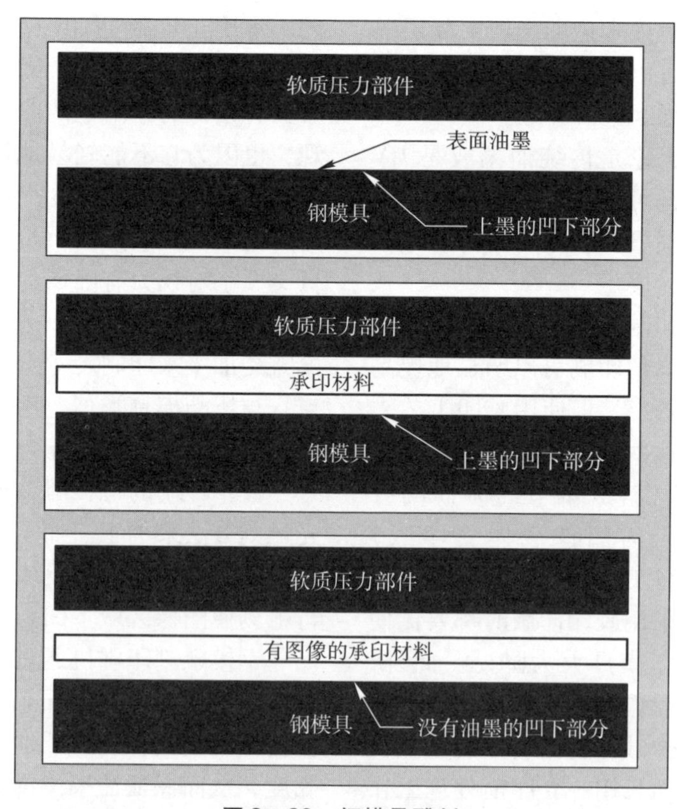

图2－29　钢模具雕刻

画衬线和其他小字体图文区域。凸起的图像区域也可能导致图像区域的背面出现轻微压痕。

图2－29从上到下为钢模具雕刻的三个阶段。第1阶段——擦墨前的上了墨的钢模具；第2阶段——擦墨后的上了墨的钢模具；第3阶段——钢模具压印后的承印材料。

高强度的纸张，最好是含有织物纤维的纸张，最适合钢模具雕刻版印刷，原因在于在压印阶段要对承印材料施加极大的压力。

钢模雕刻相对昂贵，因为雕刻和开机准备工作比较复杂和费时。此外，在工艺过程中要使用高度专业化的机械，往往比传统的印刷设备更贵。一些机械部件，如分段式墨辊，必须按照特定图像的颜色分配进行定制切割。

热熔印刷

如果不用昂贵的钢模雕刻工艺来实现凸起的印刷效果，热熔印刷作为一种成本更低的替代方案，也能产生类似的结果。

热熔印刷是一种在热的作用下使热熔的粉末熔化的工艺，它的成像通常采用胶印工艺完成，但凸版印刷和丝网印刷工艺也可以用于热熔印刷，因为它们使用的油墨黏度与胶印油墨类似。

在印刷之后，当图像区域仍是湿墨状态的时候，把热熔的粉末撒在承印材料上，但它只附着在仍然处于湿墨状态的发黏的油墨上。位于周围非图像区域的多余的粉末会被去除，这时印张从加热部件的下方通过，使热熔粉末熔化并附着在上墨的图像区域上。随后通过环境空气使之冷却并使熔化的粉末固化，从而在这个过程中在图像区域之上形成另外一个附加层。

这个过程可以完全由手工程序来进行，在这种情况下，刚刚印刷过的印张进入粉末堆里，把纸张直立以去除多余的粉末，然后放到加热的灯具下烘烤。也可以把热成像的部件安装到胶印机上，在胶印机上涂布粉末、由真空去除多余的粉末，并且将印张在加热通道中暴露在辐射热下，从而使得各个工序做到无缝连接且自动按顺序执行。

有时热熔印刷因为其成本优势也被称为“穷人的钢模雕刻印刷”。虽然成本较低，热熔印刷也通常追不上钢模具雕刻生产的图像质量，原因在于热熔粉末在热量作用下的膨胀过程里，像文字衬线这样的精致细节和细微渐变层次这样的图像细节就不能像钢模具雕刻图像那样被忠实地保留下来。

模切

有些印件会因为功能上的原因要进行模切。一个要偏离大部分印品所采用的标准长方形的美学的基本原理，在于它可以用来强调设计图案的基本主题，如以某种花卉的锯齿状边缘来划分带花的景物，或是在一个圣诞贺卡上，把折叠到内页上的标题页做成像圣诞树装饰一样的形状（图2－30）。采用模切加工的胶片齿孔作为边饰的传单，都是模切元素可以强化印刷信息的例子（图2－31）。这张传单宣传了建在举办国际电影节会场上方的公寓，很恰当地把公寓塔楼与具有魅力的电影业联系了起来。

通常情况下，使得印件采用不规则形状的原因在于要引起读者的注意，因为异常形状的印刷格式比普通的设计会更加引人注意。

模切的实用功能上的应用已经以自己的方式催生了整个行业，满足了办公用品行业像信封和文件夹之类的产品的需求，也适应了不同包装行业对各种形状、各种大小的盒子的基本需要（图2－32）。

图2－30　一个展开的（左）和折叠后的（右）圣诞贺卡

图2－31 模切出电影胶片齿孔的传单

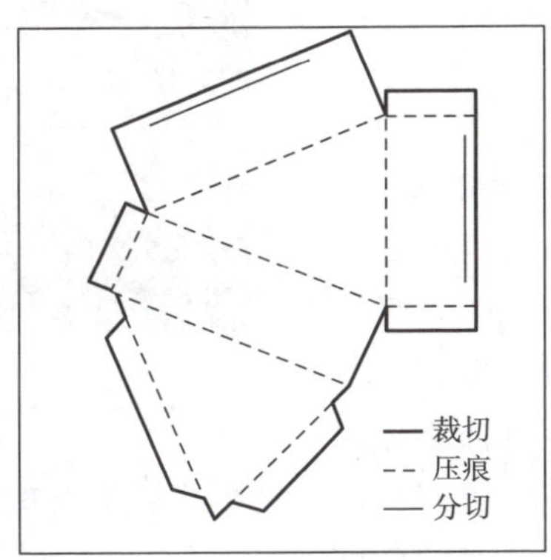

图2－32 一个比萨饼盒的模切模版

最有创意的模切工艺的应用是将实用性与美观性结合到有目的的统一体中，例如促销通过笔记本电脑的 USB 端口进行移动互联网链接的广告（图2－33）。广告第一页的右下角斜着模切出一个从斜边突出的闪存连接器的轮廓。广告折起来后，模切的 USB 接口滑入由部分胶粘起来的三角形折叠后形成的空穴里，在设备连接器的部分支撑了笔记本电脑键盘的图像。闪存驱动器巧妙的运用与广告要传递的信息是一致的，并为这个器件提供了一个很方便的封装袋。

图 2－33　一个展开的（左）和折叠后（右）的广告

模切能够产生抢眼的效果（同时具有实用的功能）的另一个例子是保险公司传单，其形状如同一个存档的文件夹。厚重的基纸和亚光上光的封面纸被用作制作文件夹的基材，这样的文件夹具备妥善保管保险理赔必需的文件的全部功能。第一页和最后一页在火红色的背景上用白色反白字显示出企业的独特标志，而两个内页的文字信息和表格以四色网目调方式印在白纸背景上（图 2－34）。

图 2－34　装夹信息的文件夹

从概念上讲，模切类似于传统的印刷工艺，因为这两种工艺都是通过施加压力来产生各种形状，区别在于模切产生的形状是物理实体，而印刷过程产生的是物理实体的图像。在大多数情况下，空白（也指在模切时切掉的相同大小的切块）是印刷和模切过程都会有的结果。这里所描述的情况意味着模切和印刷的元素必须彼此准确套准，在任何一种加工过程中套不准都会导致印刷出来的图像与模切的轮廓不匹配的情况。印刷和模切通常是在截然不同的机器上采用不同的工艺进行的，但是也存在着联线模切的可能性，尤其是在采用柔性版印刷或凹印工艺的情况下。

模切从制作钢线模具开始，也被称为模切板，是按照设计图案制成精确的形状和各个组成部件，如压痕、折痕以及打孔钢线等。此外，还可能在钢线模中嵌入素压凸或烫金模具。计算机辅助钢线弯曲机由计算机生成的数据驱动，用于生产特定模具所需要的各种形状的钢线（图 2－35）。相同的数据也用来使激光雕刻出模具胶合板板基上的缝槽，用于插入钢线（图 2－36）。

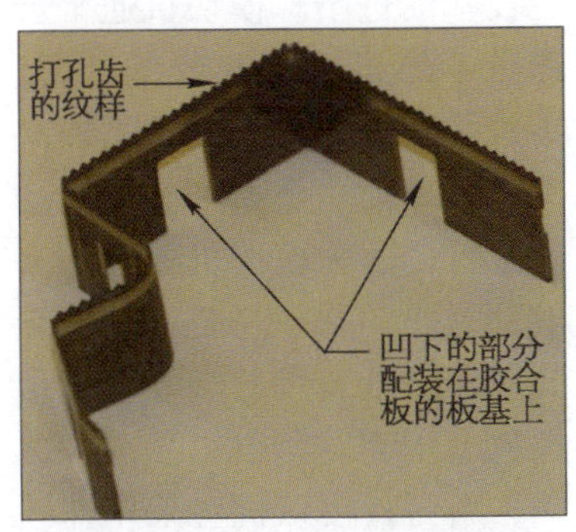

图 2－35　模切版的钢线部件

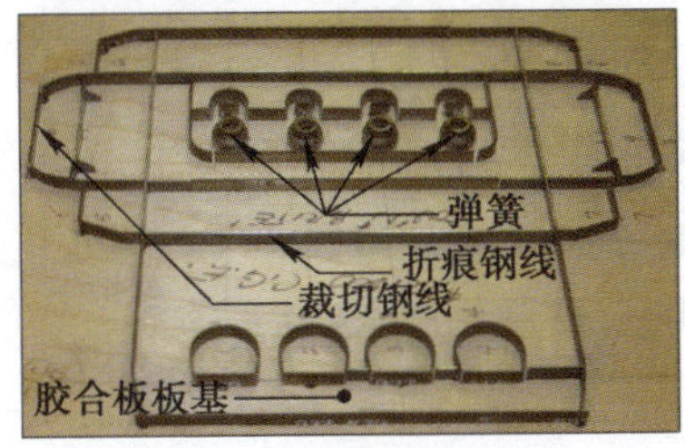

图 2－36　做好的钢线模用于盛放灯泡的折叠纸盒

模切必然要产生废物，因为它要从长方形承印物上切割出不规则的形状。在高性能的模切机上，上部的剥离版和下部相对的凹模把废料从空白处剥离，但是对于更简单的模具或没有安装排废系统的机器，废料可以通过放置发泡橡胶排废装置或直接在胶合板板基上安装弹簧，使废料弹出。

虽然钢线模具是绝大部分模切应用场合比较经济的选择，但是这种工艺方式仍然不适合极端错综复杂的细节以及那些具有小曲率的复杂的形状。

当模切加工与印刷工艺联线进行时，可以使用轮转式模具（图 2－37）。雕刻钢制滚筒是最昂贵的模切工具选项，但它们适合非常复杂形状的模切。在经过镀铬、热处理和表面涂层处理之后，雕刻的钢制滚筒可以耐受极大数量模切时产生的磨损和撕裂作用。

一个不太昂贵的轮转模切的选项是使用柔性模具，其中大多是化学蚀刻以及由三轴计算机数控机床（CNC）的刀具切割的。与钢质雕刻滚筒是由实心钢滚筒制成的不同，柔性模具是由片状钢材料制成的。

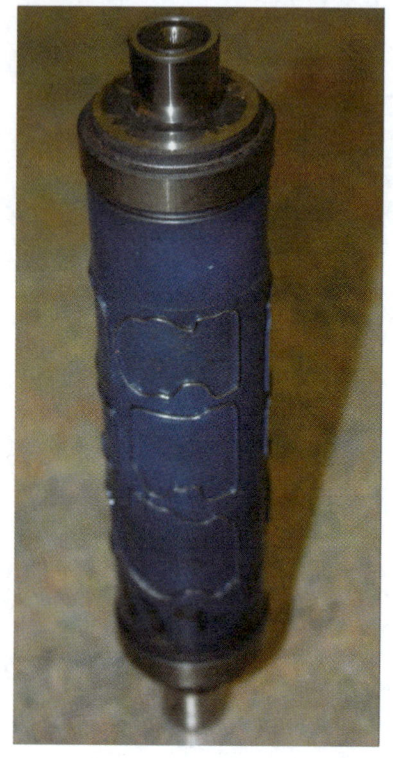

图2－37 轮转式模切的模具

安装在具有联线模切功能的轮转式模切柔印或凹印机磁性滚筒上的，经过激光硬化的柔性模具正迅速成为大批量生产不干胶标签、贴纸和贴花纸的首选方案。

模切机的基本组成包括自动输纸机、带有侧规的输纸台、链条纸张输送系统、包含一个下摆式压板和一个上部固定模切头的模切加压部分、排废工作站以及一个高纸堆收纸装置（图2－38）。

许多模切机的技术创新从很大程度上反映出单张纸印刷机技术的进步。模切机通常会配备不停机输纸和收纸装置。不停机输纸和收纸装置是提高生产效率的一个特别有用的功能配置，因为模切机处理的一般都是厚的承印材料，其输纸装置和收纸装置的纸堆容量很快就会用完。

新一代模切机会采用连续

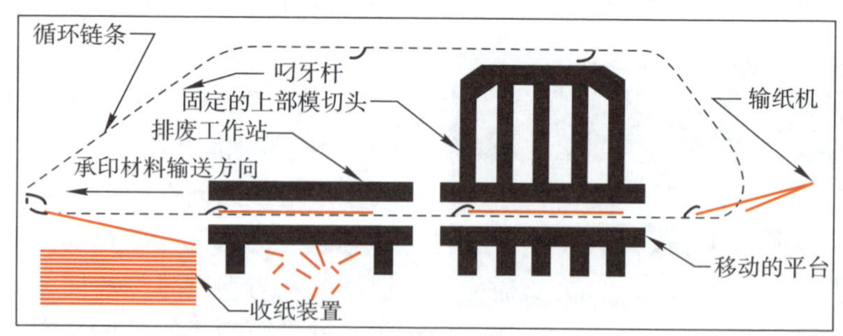

图2－38 平台式模切机

无级提升纸堆的输纸装置和套准系统，可以自动调整输纸纸堆的侧向位置。具有自动调整功能的双张检测器能够让已经进入模切机中进行模切的印张减少废品并提高生产效率。模切与印刷图像的套准是通过摄像机检测纸张边缘的专用套准标记实现的，从而有效地消除了需要传统侧规来使物理边缘对齐的方法。而且，诸如裁切力的限制、纸板的厚度、套准参数、纸堆的纸张装载数量或每批次加载的纸张数量以及质量控制传感器等参数的设定都是通过触摸屏控制台完成的。这些现代模切机所用的裁切力可达到 259 吨，可以在 12000 张/时的生产速度下模切出复杂的、大幅面的模切图案。

更经济的模切设备的替代选择是老式的凸版印刷机，例如原型海德堡平台印刷机和原型海德堡平压式旋转风车印刷机，它们都可以很容易地改变成模切机，仅仅需要取出靠版墨辊，并且用钢质外壳替换马尼拉纸衬垫即可。

空白切块的剥离将不得不手工完成，因为这样的机器本身没有自动排废系统，其生产速度大约为 5000 张/时，亦不适合大批量生产。

印前方面所发生的数字革命并没有绕开模切领域，现在的模切方法可以在没有实体模具的情况下进行。有时也称为数字模切或无模具模切，这些系统由数字文件驱动切线刀或激光。数字模切生产的精度极高，可以实现裁切线与印刷出来的图像和裁切线连续套准。传统的钢模具需要在钢线上留有很小的空间（称为钢线的缺口），以便确保空白切块能附着在承印材料上，并随之通过模切机，然而数字模切不同，它不存在这样的模切线缺口问题。

数字模切主要用于样品的制作，其目的类似于印刷的打样过程。因为其生产效率低，数字模切在用于生产运行时只适合非常短版的情况。

■ 打孔

印刷产品可以在折页机、模切机、改装后的凸印机上打孔，也可以与胶印机联线随印刷过程一起完成。

用折页机打孔

在大多数工业化折页机上

进行打孔加工的主要目的，是通过装在折页辊前面或是紧随折页辊加装的工具轴很方便地进行厚纸和书帖折叠。安装在这个加装工具轴上的工具是锯齿状的切割轮，该切割轮的打孔齿切入（剪开）承印材料，与装在下方的一个刀具对接。折页纸张打孔有三种机械方法，除了应用冲击和刀切的原理之外，这里所使用的剪切原理也是其中之一（图 2－39）。

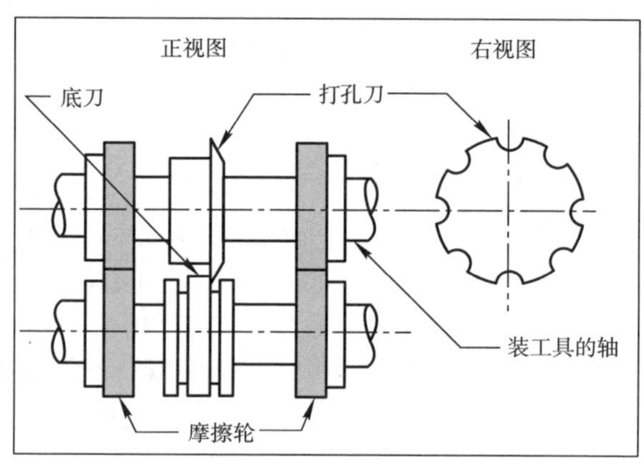

图 2－39　基于剪切原理设计的折页机打孔工具

这些相同的打孔工具，也可用于扩大印刷产品的使用目的。例如沿印件横向的一条单排打孔线，在将消息发送到收信人的同时，也给收信人提供了用回复卡、折扣优惠卡或账单支付联的方式把信息返回的机会。

如果按照技术上的复杂程度的排序，在折页机上可以形成的三种类型的打孔模式，依次为单向横撕、双向顶头撕和双向整圈撕模式。

单向横撕是最常见的打孔方式，也是技术上最不复杂的打孔模式。上述的折扣优惠卡就是一个例子（图 2－40）。由于在栅栏式折页机上加工的印件必须始终是以纸张的窄边输送进入的，并且按照设计的要求，打孔操作总是在纸张前进的方向进行，因而与折页机打孔功能相关的纸张朝向必须予以考虑。由于这样一种打孔作业行进方向与印张长边平行，因而印件就不得不输送穿

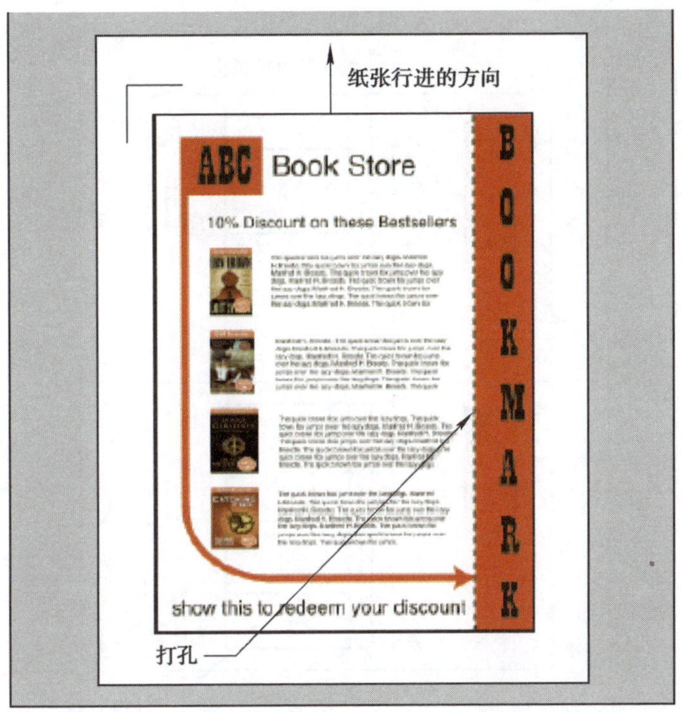

图2－40 在栅栏式折页机上加工的单联横撕打孔

过折页机。另一种可能性是四联结构形式，需要两个相互平行的打孔方向。

图2－41所示的对账单是打孔方向垂直于纸张长边的一个例子。这一印件不能在单联配置形式的折页机上打孔，但是双联配置的情况可以使纸张方向与打孔的方向相符，然而，对于四联配置的情况，就需要两排相互平行的打孔。

顶头撕方式的打孔有两条打孔线互相垂直，其中的一条或两条打孔线只覆盖纸张的长度或宽度的一段距离。因而（单向）横撕式打孔可以在一台折页机上完成，双向顶头撕打孔方式却需要两台折页装置。由于栅栏式折页机的第一折页装置进行折页和打孔后要旋转90°进入下一个折页装置，在第二折页装置上进行的折页和打孔也会与前面的折页和打孔相垂直。

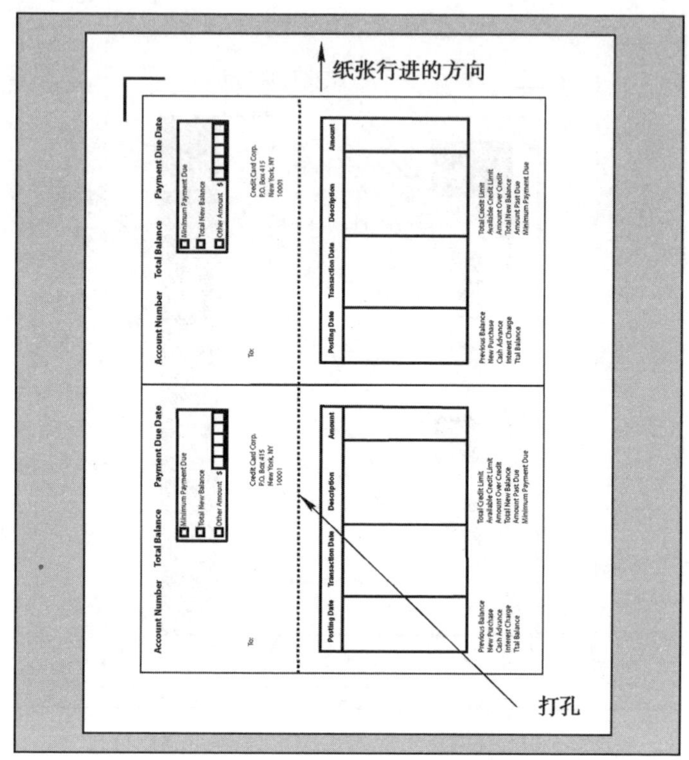

图2-41　在栅栏式折页机上进行双联横撕打孔

此外，要制作双向顶头撕式折页方式，折页机需要配备定时打孔的配件，因为有一条或两条打孔线只占纸张长度或宽度的一段距离。

如图2-42A所示的传单为一个单向顶头撕式打孔的方式。第一折页面在栅栏式折页机第一折页机组的第二折页栅栏板上在纸张长度的三分之一处折页，并且在这个位置进行定时打孔操作。在第二折页装置上，纸张在整个宽度上打孔，从而有效地产生传单的第二面和第三面。如果想把第三个突出的页面沿打孔线折到第一和第二折面上，传单必须在第三折页装置的第一折页栅栏板上再折一次，这样将有效地完成风琴折的折页。

必须产生如图2-42B所示的双向顶头撕打孔方式所需

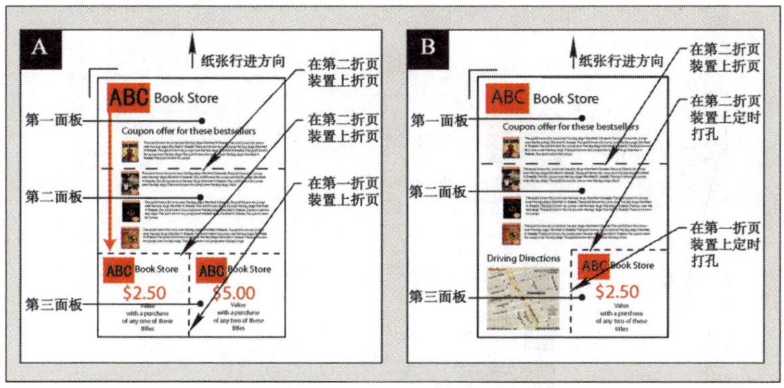

图2－42 打孔模式

（A）－单向顶头撕式打孔模式；（B）－双向顶头撕式打孔模式

要的唯一变化是第二打孔在纸张宽度方向进行一段距离的打孔，因而也必须由定时打孔配件来实现。

而横撕式和顶头撕式打孔方式的边界由纸张的两个边或三个边来划定，撕透打孔方式有四个打孔的边，可以让打孔区域在纸张上的任意位置定位。因此，撕透打孔方式可以使设计更加灵活，因为打孔区域的位置不仅仅限于纸张的边缘。根据定义，整圈撕打孔方式要求在纸张的长度和宽度方向上进行两次定时打孔。

图2－43所示的产品是在第一折页装置第二栅栏板上在纸张长度的三分之一处折叠，在这个位置要进行两次定时打孔。在第二折叠装置中，两次定时打孔完成嵌入式会员卡的矩形边界。该产品可以从第二折页装置上以带有表示会员卡的突起部分的形式输出，也可以在第三折页装置上使用第一栅栏板的情况下，输出风琴折的形式。

在图2－40和图2－41所示的产品可以在只有一个折页装置的标准栅栏式折页机上生产。根据要生产的传单是图2－42形式还是图2－43的形式，需要一台有两个折页装置的标准栅栏式折页机，还要在一个或两个折页装置上提供定时打孔设备。对于图2－40、图2－41和图2－43所示的产品，如果在第三折页装置上用

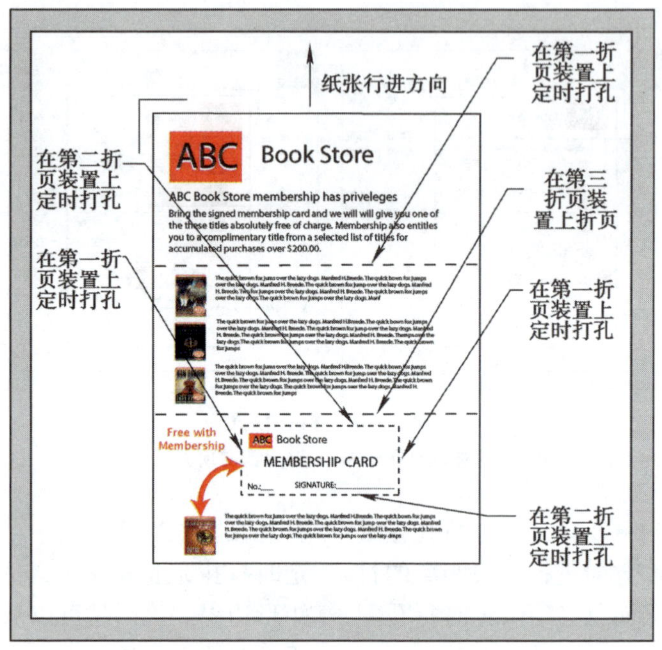

图2－43　整圈撕打孔方式

第二折页栅栏板替代第一栅栏板，也可以进行信纸折。

栅栏式折页机生产速度高达229m/min，使之更适合于大批量生产。而对于不一定以最高生产速度折页的印件，在折页机上同时进行打孔操作是为产品增值的一种有效的方式。

虽然在折页机上可以产生很多种打孔模式，但它们从本质上讲都只限于直线的模式和平行于正方形或长方形区域边缘的打孔。因此，斜向或圆形打孔模式（图2－44）就必须要对模具进行加工。然后这些模具就可以在模切机、凸版圆压平式或平压平式印刷机、轮转式模切机和带有模切装置的轮转印刷机上使用。

用印刷机打孔

纸张能够以剪切的原理进行打孔，例如在折页机上的操作方式，也能够以刀切式原理进行打孔，例如安装在自动切纸机、模切机、印刷机上的打孔系统那样的操作方式（图2－45）。基于刀切式原理的打孔设备的主要要求是使用一个

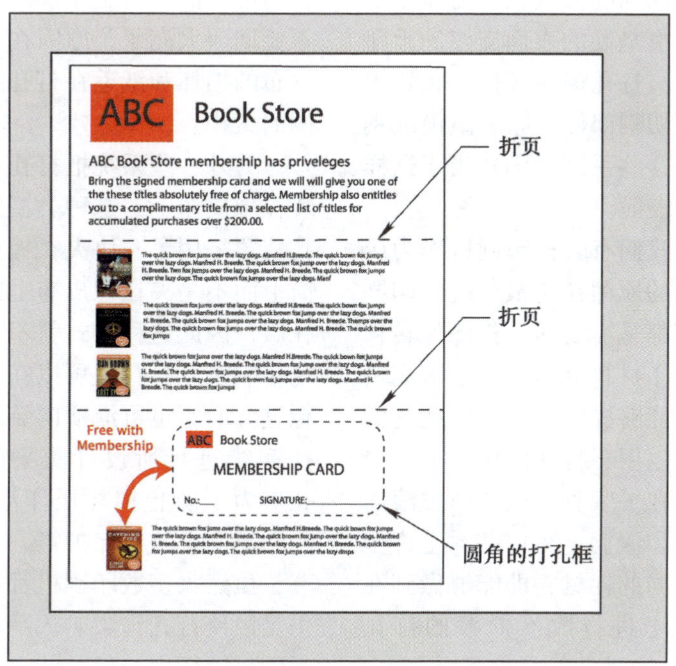

图2－44 折页机不可能完成的带圆角整圈撕打孔样式

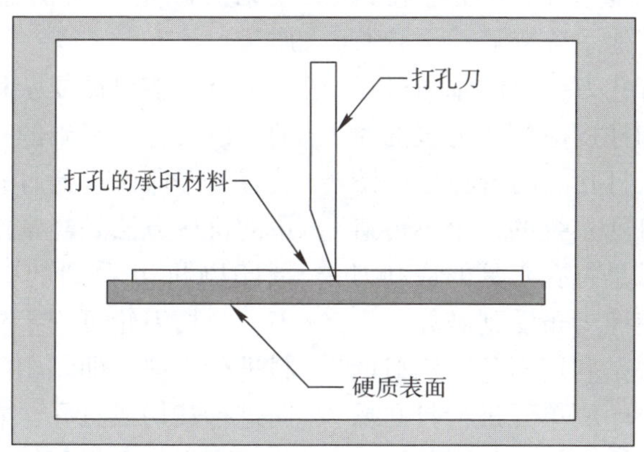

图2－45 刀切原理的打孔方式

刀刃锋利的刀具在压力作用下切入由坚硬的表面支撑的承印材料。打孔钢线或打孔花轮刀用作切割部件，印刷滚筒或钢辊在这些系统中则相当于这样的硬表面。

我们有时把印刷机作为压印机的原因在于最传统的印刷工艺都是需要压力把图像转移到承印材料上的。由于印刷机本身能够提供压力，因此它们也可以用于打孔操作。

在平版胶印机的橡皮滚筒或压印滚筒上可以装衬上许多种不同的耗材，即能够做到在印张上进行成本低廉的打孔操作。

有些系统采用由胶带粘贴在压印滚筒上的柔性打孔钢线，而其他系统依赖不干胶胶带固定打孔刀，当印张通过压印滚筒和橡皮滚筒压力区的时候为印张打孔。附着在压印滚筒上的打孔系统的一个不可避免的后果是打孔工具的锋利刀刃常常使橡皮布受到破坏。常见的做法是利用多色印刷机的最后一个印刷单元进行打孔操作，并使用旧的在印刷装置上用过的橡皮布。在进行打孔的那个印刷机组上同时进行印刷也是可能的，但是印刷质量就不要期望太高了，原因在于橡皮布的损坏和纸毛在打孔线周围的聚积。

另外一些系统把打孔工具装在橡皮布上。这种类型的打孔装置采用了一块夹在橡皮滚筒上而不是夹在橡皮布上的打孔版，因此这种方式就不能同时印刷了。打孔版可以在纸张行进方向，也可沿横向装上打孔钢线进行所设计图案的打孔。为了防止损坏压印滚筒，压印滚筒上装有保护箔。

虽然大多数印刷机都能提供足以使打孔齿尖刺入承印材料的足够压力，但是装有弹簧加力滚筒系统的小胶印机可能就无法产生令人满意的打孔质量。

有很多机械复杂程度不同的、以硬件为基础的打孔附件装置。对印张进行打孔的最简单的机械方法是经常能在卷筒纸印刷机上看到的打孔花轮刀。分切刀轮可用于对承印材料进行纵向，即印刷机前进方向进行裁切或打孔，它们通常位于折页三角板和组合式折页机上方的顶部过纸辊上。

分切刀轮的作用主要是为

了进行高效的折页操作，但是在折页机上，它们也可以用来进行打孔，但只能在印刷机运行方向上打孔（图2-46）。

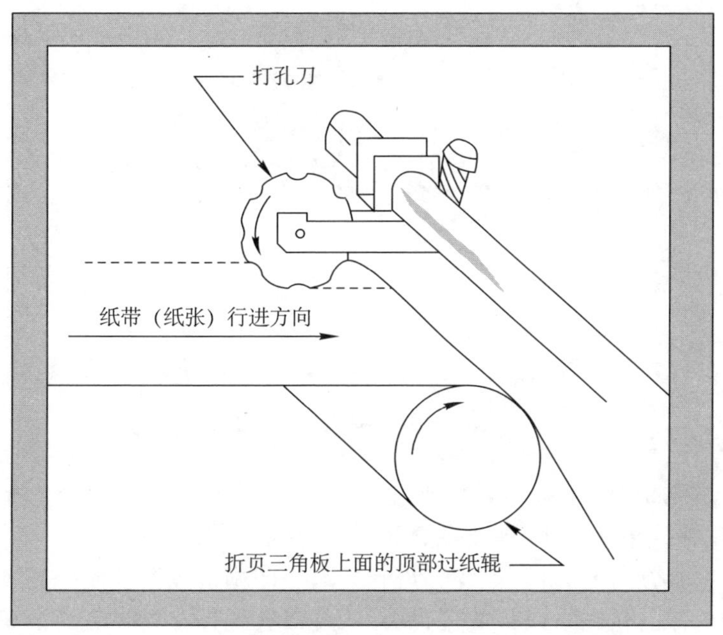

图2-46　在卷筒纸印刷机纸带行进方向上的打孔

与印刷滚筒轴平行的打孔也称为横向打孔则不能通过相对简单的机械附加装置（如分切轮）来完成，而是必须要在印刷机上安装独立的打孔单元。

横向打孔装置位于最后一个印刷机组之后，它由直径与印刷滚筒相同的打孔滚筒组成，沿滚筒轴向开有一个插槽，用于插入打孔刀片。滚筒每旋转一圈，打孔刀在承印材料上冲压一次，而支撑材料的是坚硬的钢质砧辊。这样即完成了纸带横向的打孔（图2-47）。

在一些单张纸印刷机上，打孔滚筒被换成合适的装有打孔刀片的轴。这些轴还可以装凸版打号装置以及在采用凸版压印方式时需要的小面积支撑面，这种凸版压印过程是通过

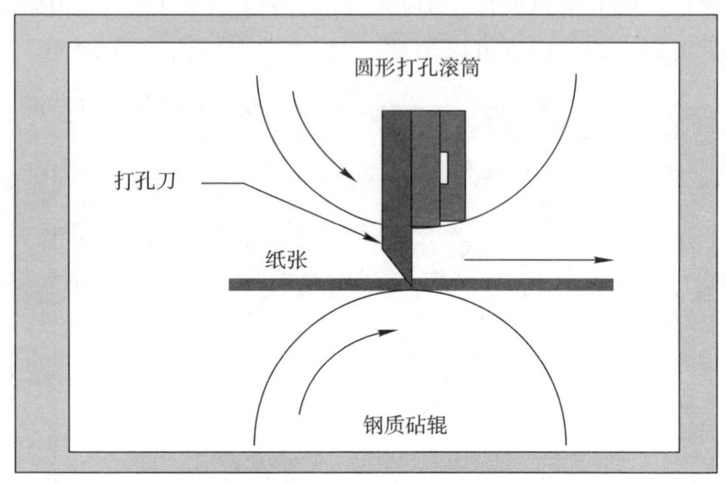

图 2－47　横向打孔装置

短墨路的输墨装置提供油墨的。打号操作可以在纸张的两个主要方向上进行，沿滚筒轴向延伸的号码是以传统号码头打号装置进行打号的，在滚筒圆周方向上延伸的打号是用适应于压印滚筒曲率的凸圆形状的打号装置打号的。

打孔、打号和加印都可以在印刷机组上作为辅助加工进行，印刷机上有多少个色组，就可以进行多少次这些辅助加工。更具体地说，如果一台印刷机有 12 个印刷机组加 1 个上光单元和 1 个可转换纸张翻转装置，就可以一次走纸完成双面打孔、双面各四色加两个专色的印刷，以及双面上光的产品。

印刷机像大多数折页机一样对打孔是有局限性的，即打孔图案不能是斜向的，也不能是带有圆形元素的。但是，如果印刷机有轮转模切装置，实际上就可以生产斜向的以及有圆形元素的打孔印品。这一选项在柔性版包装印刷领域更常见一些。

不同的打孔钢线形式

根据印刷品的最终用途，打孔钢线必须采用不同的切齿与切齿间距比例（图 2－48）。切齿之间的间距，称为齿距，通常要比切齿的宽度窄一些。

每单位距离的齿距数越多，有打孔线的印刷品（例如附在账单上的支付联）就越难撕开。而且，每单位距离的齿距数越多，会导致打孔线不太显眼，甚至在每英寸的齿距数极大的时候，打孔线可以变成几乎看不到的程度。

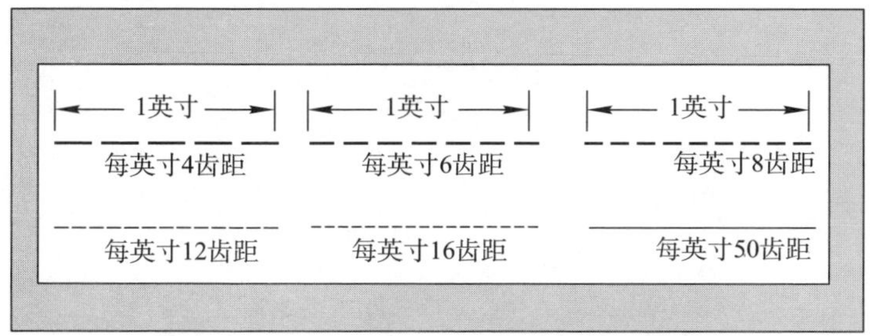

图2－48　6种不同的每英寸齿距数的情况

想要以最小的撕力就能撕开产品，例如复制的表格，通常不要超过每英寸6齿距（TPI）。这些类型的通常被称为快速撕离表的打孔表格（snap out forms）现在已经失去了相当的市场份额，因为计算机化的数据库系统以铺天盖地之势出现，使得票据硬拷贝文件变得没有必要，或者，如果认为有必要的话，它也是以数字印刷设备在购买地点打印的。

易撕性和适当的耐久性之间的折中数为8 TPI。但是，为了确保文档的主要部分不会脱开，大多数附有支付汇款信息的对账支付表单还是首选12 TPI的打孔线。

杂志插页和直邮邮件需要16 TPI和18 TPI的打孔线。在这么高的齿距数下，用户必须先在打孔部位折叠一下产品，然后才可能保证干净利落地撕开。

每英寸齿数的最高数目有50 TPI、66 TPI和72 TPI，因为这些孔在准备扇形折纸时有用，因而也被称为信边打孔。这样的打孔对克重定量较高的纸张加工来说，分撕时不会很顺畅。如此大数目的TPI值，对于要求几乎看不见打孔的设计来说是必要的。

与许多技术上更复杂的特殊效果相比，打孔技术相对简单，但它们仍然可以把依赖于印刷信息用的承印材料转变为财富。印刷信息的打孔部分除了可以给读者提供一种具有可转让或真实的价值之外，还提供了一种物理上的并且因而对回应一个信息往往更值得信赖的方式。

3

印刷与电子对接

虽然印刷业采用的生产方式与其他制造业完全一致，但是对典型商业印刷和书刊印刷厂生产的产品进行更进一步的观察，印刷企业还表现出与信息传播产业的紧密联系。通过书刊印刷厂价值数百万美元的生产设备生产的书籍、报纸和杂志就是明显的例子。回顾信息传播的历史，这些产品都是在过去五百多年里我们要把我们的想法表达给更广泛的受众的精髓。

其他产品的信息传播方面的作用不太明显，但是可以肯定，如果一个印件包括符号、字母或图片，其最终目的肯定是某种信息传播形式合乎逻辑的延伸。有时印刷产品具有双重用途，如印刷包装盒，既可以作为某种物质的容器，也作为传播信息内容的一种手段。

但印刷的目的并不总是信息传播。印在笔记本上的线条就没有传播的价值，只是一种功能特点，用于引导写字的人书写而已。纺织印染，其历史甚至比出版物印刷还要古老，具有装饰的目的。其他非信息传播的印刷产品还有地板、墙纸以及陶瓷印刷等。

替代的或新的印刷应用方式不断被发现，其中一些还沿袭着信息传播的老路，而另一些已经令人惊讶地转向不同的方向。

印刷转向无线保真：印刷和互联网的结合

历史已经证明，旧的信息传播形式通常都不会因新媒体的出现而过时，而是继续与新媒体共存。电影，在 20 世纪早期，实际上并没有更多地抹杀话剧舞台，而电视也没有在 20 世纪 50 年代造成广播的消亡。互联网作为进入媒体版图的后来者，历史可能会重演，并将继续这样的媒体共存的趋势。但是这些事件的自然后果是信息传播领域变得越来越拥挤。甚至远不止于共存状态，不同的媒体类型还可以相互补充。例如，经常可以看到广播电台做现场直播节目，这样也对电视节目具有促进作用，反之亦然；还可以看到电影和电视节目在印刷媒体上做广告。

一个相对较新的技术称为二维条形码，它不仅提供了一个与其他媒体类型（特别是互联网）共存的机会，而且还与之紧密衔接。矩阵条形码也称为二维条形码（2-D barcode）或快速反应码（quick-response codes，缩写为 QR）由无处不在的一维（1-D）条形码引申而来，一维（1-D）条形码亦被称为通用产品代码（UPC）。当前，通用产品代码对于物流自动化（从仓库库存和供应链管理到零售商店结账的自动化）是不可或缺的，已经在非凡的经济增长和生产率提高中扮演了重要角色。

具有最高编码能力的一维条形码被命名为 128 编码（Code 128）。它可以对整个 ASCII 字符集编码，但由于在通用产品代码（UPC）中的数据编码是线性方向的，实际应用中要受到承印材料上的可用空间、与图形设计相关的这种代码的长度，以及扫描设备的物理尺寸的限制。

对于包装应用来说，在通常要对如产品的名称、制造商名称这些信息进行编码的场合，一维条形码有可能保持在一个合理的长度。但对于数据更密集的任务，例如需要浏览一个网站的特定功能所需的信息，一维条形码就不合适了。

尽管一维条形码的编码空间被限制在条形码的一个方向的薄片上，然而二维条形码则有能力利用矩阵的两个方向。高容量的二维条形码（如 PDF417）不仅增加了可编码的数据量，而且也把条形码减少到一个更加紧凑且不易于受到侵扰的尺寸（图 3－1）。一维编码 128（Code 128）的条形码（10 个字符）（图 3－1 上图）与二维条码 PDF147（249 个字符）（图 3－1 下图）的数据字符编码能力的比较。

一维条形码通过条形码阅读器扫描，利用激光从条码和隔空相间的线性阵列扫过。而

图 3－1　一维编码与二维编码能力的比较

二维条形码则不同，需要采用以图片为基础的扫描技术，例如控制数码相机的电荷耦合器件（CCD）传感器。

现在可以通过移动电话设备的方式将印件与互联网链接起来，移动电话设备也称为个人数字助理（PDA）或智能手机。通过印件和智能手机进行多媒体输出的关键是这些设备内置的数码相机，它们通过无线网络提供互联网接入。相机起的是条形码扫描仪的功能，拍摄二维条码的图像。随后通过专用的软件的模式将条形码图案解码，让智能手机的Wi-Fi功能与特定的互联网地址建立连接。

在印件中纳入二维条形码的主要优点是能够包括印刷产品本身缺乏的媒体形式方面的更多信息。例如，音乐连锁店传单，宣传最近发布的流行乐队的专辑的声音，都能把读者连接到有声音剪辑、视频剪辑、博客和播客的网站链接上（图 3－2）。

特别是在发展中国家，无线网络几乎完全取代了不发达的固定电话基础设施，手机正迅速成为全世界人民广泛使用的标准设备。仅这一事实本身就说明，通过无线网络，在任何特定时间和地点都可以触及一个庞大的人口基数。在日本，75%的手机现在都预先安装有二维扫描软件（Ebner 等，2008 年），而在西方国家，二维扫描软件通常可以免费直接下载到手机上或通过

图3－2 有二维条形码的传单

PC免费下载，还有一些公司声称他们的软件与超过70%的手机型号相兼容。

报纸和杂志是第一个采用二维条形码的出版物。在德语国家里，《Welt Kompakt》（世界报）是第一个引进二维条形码的报纸，让他们的读者去报纸的网站上访问每天精选文章的补充内容。在英国，双月刊杂志《Spectacle.com》通过二维条形码用手机联线购买广告上刊登的产品。二维条形码在北美著名的实施者是《Esquire》杂志，在其2009年12月号（图3－3）上，谷歌的关键词竞价广告“AdWords”在美国论文集里嵌入了二维条形码。加拿大全国性的日报《全国邮报》采用与《Welt Kompakt》（世界报）几乎相同的方式使用二维条形码。

广告牌的商业促销活动，现在正用含有二维条形码的宽幅喷墨印刷的广告词来吸引带有智能手机的行人采取行动。这种作法带来的好处是有机会评估给定的位置的质量，因为从二维条形码发出的数字信号可以对时间和地点进行跟踪（图3－4）。

图3－3　2009 年 12 月号的《Esquire》杂志

图3－4　带有二维条形码的户外广告

在世界范围内，报纸和杂志（杂志稍好一点）目前正处在飘忽不定的状态，因为其发行量和广告销售正在大幅下滑。报纸所处的这种困境，特别是在高度工业化的国家，往往归罪于与新媒体渠道的竞争，特别是与在互联网上的那些渠道的竞争。

尽管丝毫没有否认媒体市场在新进入者争夺有限的客户市场份额时所产生的竞争，然而报纸却必须认识到自己的强势和短处。任何出版物的实力，无论其表现的形式是什么，都是其内容的质量在说话，内容可以是文本的、音频的，也可以是视频的。精心研究的、通过书面调查得到的、需要长篇大论的新闻，总能找到客户群，但这种类型的出版物在广泛的读者群里未必有同样的影响力。

对于一些专家，包括作者本身，有一大堆理由信任印刷媒体的优势所在，其中很重要的方面是阅读舒适性，认为有深度的文字内容向互联网的转移被认为是一种误导，因为需要持续阅读的内容恰恰是印刷媒体所具有的优势。

上述理由的例外情况包括像促销传单和产品包装这样的印刷品，因为从本质上讲，它们缺乏空间来扩大信息或产品说明。这些类型的印刷品确实可以受益于附加的在线文本信息。

虽说如此，用声音、视频，可能还有通过二维条形码进行的网上商业交易方式作为对印刷媒体的补充，必须被看作是增强印刷的信息传播价值的一个积极的发展。

RFID 射频识别技术

射频识别（RFID）可以用于与条形码类似的数据采集的应用场合，但射频识别技术的显著特点是，它的运作独立于任何视线或接触式扫描设备。与条形码不同，射频识别也在单个物体层面上来提供识别手段，并有能力来收集数据。射频识别存在极广泛的应用潜力，但是大多数人与之相关的需求以及射频识别技术可以有很大影响的场合是零售结账自动化。自动扫描设备目前正在大型连锁店进行安装，客户自己可以扫描所购买物品的条形码，然后通过既可以接受现金也可以接受信用卡的自助结账机完成交易。射频识别技术可以使结账进一步自动化，甚至不用把商品从购物车中取出，即能自动把购买物品的费用计入客户的信用卡账户上。

射频识别系统的主要组成部分是一个发送器（又称为射频识别嵌体或射频识别标签）和读卡器。发送器由一个集成电路和天线所组成。集成电路通常是一个硅芯片，但也有可能做成无芯片的标签。这些标签由塑料或导电聚合物制成。对这些芯片印刷方式的研究正在进行中，预示印刷工艺在不那么遥远的未来可能还会有其他方面的应用。接收及发出无线电波信号的天线可以由照相平版工艺定义的蚀刻工艺制作，也可以用含有高浓度银颗粒的导电油墨印刷。射频识别的发送器可以是有源的也可以是无源的。有源的发送器有自己的集成电池形式的电源，而无源的发送器依赖于阅读器的信号提供电源。有源的发送器比无源的发送器有更大的读取范围和更多的存储量，但由于其成本高，通常不会用到项目级的产品上。阅读器是一种电子装置，通过无线电能量频率的脉冲与发送器进行通信，在它们之间进行数据交换，如果是射频识别发送器是可擦写的，那么会包括一个双向通信的过程。

根据不同的应用，射频识别的工作频率范围大约从125kHz到960MHz。但对于印刷应用，高频（HF）、超高频（UHF）和范围比较小的微波频率更重要。工作频率是影响射频识别系统可接受的读取范围和传输速度的主要因素之一，射频识别系统的工作频率越高，读取范围就越大，传输速度就越快。还要看其他几个因素，例如输出功率、天线尺寸以及环境条件，包括附着射频识别标签的基材以及在携带射频识别器的容器中的材料类型。低频、高频、超高频和微波频率的读取分别为50cm、1m、7m、10m。因此，最佳的工作频率是给定的应用方式获得读取范围和传输速度目标的条件。例如，智能标签是以13.56MHz的频率运行的。

与使用条形码的情况相同，射频识别天线可以与印刷品上的图形元素一起印刷。在一些组合印刷系统中，可以联线插入射频识别嵌体，或是把芯片安装到电路带上，这些都已经有了应用实例。对全部可印刷的射频识别标签（包括微芯片）的研究正在进行中，但要在不久的将来进入实际应用的可能性不大。射频识别标签在板条箱、底托、托盘，或其他散装物的包装容器上，以及那些单位成本相对较高的产品上获得了高效低成本的使用。

印刷制成的射频识别标签的通用实施还面临一些问题，其中的重要问题是芯片设计和无线电频率目前尚缺乏标准。为了获得最佳性能，这里的每一个变量都需要有特定的天线设计，如果没有标准，就不可能对这些标牌进行经济的大批量生产。

天线设计的进一步复杂化是由于射频识别标签所贴附的不同承印物以及在带有射频识别标签的包装内所盛装的物品的变化造成的。这必然导致信号强度的不同。另一个挑战是把芯片插入到预先印制好的天线中需要极高的精度要求。含有射频识别天线的材料也需要考虑相应的一些环境问题。

尽管印刷射频识别天线的印刷系统和导电油墨已经有了，但是一个主要问题是天线设计的馈电点位置允许的尺寸公差。这个馈电点是芯片用导电胶连接的位置。

微芯片中的电子电路的小型化使运算速度得以大幅提高，但它们非常小的尺寸也对印刷机的印刷和套准系统产生极高的要求，因为芯片必须准确装在馈电点区域而不是把它放进去就行了。

由于这样高的精度使得废品率太高而不可接受，另一种芯片插入的方法是把芯片由电路带来支持。电路带的尺寸明显大于芯片，这就允许天线的馈电点的位置可以大一些，从而使芯片在印刷机给定的套准和分辨率限制下能够实现准确的定位（图 3－5）。

相对昂贵的导电油墨占了印刷射频识别天线的成本的很大一部分。在印刷阶段，油墨实际转移到承印物上的量是很小的；然而，不成比例的大量的油墨是在清洗过程中浪费掉的。特别是在短版印刷的情况下，油墨的浪费及其所出现的相关成本还要大很多。

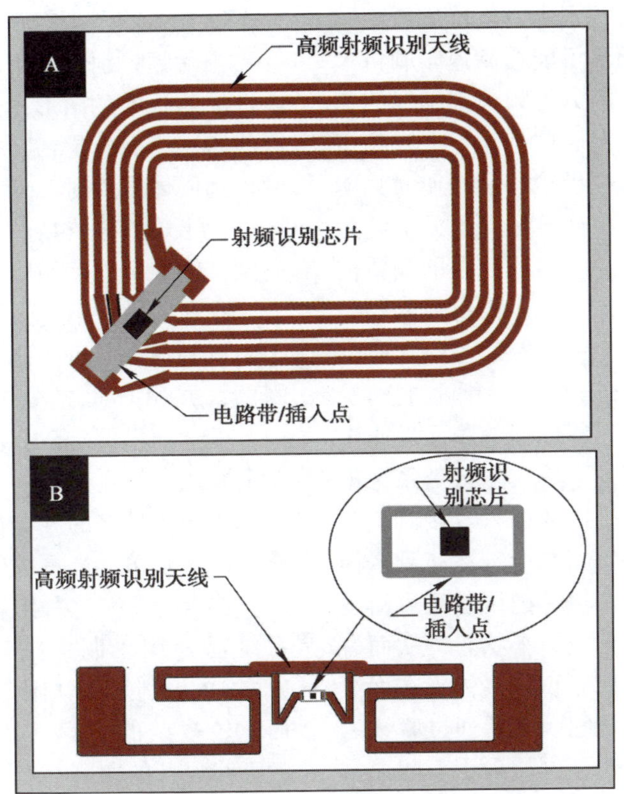

图3－5 高频射频识别嵌体(A) 及超高频射频识别嵌体（B)

目前大多数把射频识别芯片粘贴到承印物上的方法是在包装印刷和纸制品加工部门进行的。至少有一家主要的柔性版印刷机制造商开发出了一种组合印刷机，能够在一次走纸过程中，在压敏标签的一面进行多色印刷，在反面完成预先加工好的射频识别嵌体的插入。印刷机的印刷功能不会因为六色印刷之外的功能扩展部分（插入射频识别嵌体）受到影响。

来自第三方制造商的射频识别插入模块在最后一个印刷单元上安装，在这个印刷单元上，射频识别嵌体被承载在一卷衬层材料上。把特定的信息写入射频识别嵌体或进行编码通常都不可能在高速印刷机上进行，因为射频识别编码的速度比较慢。这是为什么射频识别嵌体提供给印刷企业时只能带有通用信息的原因，最终用户将不得不对所需要的具体信息进行编码。压敏材料的印刷生产速度一般要达到150m/min，接着从衬层纸上把面层分开，使得面层的胶面暴露出来，以便采用真空传送系统把射频识别嵌体插入。接着，热熔胶装置将黏合剂涂布到嵌体的背面，然后把压敏纸重新复合，回到其原来状态，从而有效地把射频识别嵌体夹在面纸和衬纸之间。随后通过联线的整饰操作，例如采用下凹模具进行模切，完成整个生产阶段（图3-6）。

当射频识别天线用水性导电油墨与标签的图形内容一起联线印刷，而不是粘贴整个射频识别嵌体部件时，真空传输系统把由电路带支持的微芯片放到天线馈电点区域的接触垫上。在这种模式下，天线是用印刷机的最后一个印刷单元印刷的，并由环境空气吹风干燥。虽然油墨再有24h也不会完全固化，但在半干的状态下它也能保持足够的导电性，从而可以对发送器进行编码和测试。迄今为止，这种组合印刷系统已经用于制作超高射频（UHF）识别系统（图3-7），而比较复杂的高频（HF）射频天线设计的印刷至今未能成功实施。

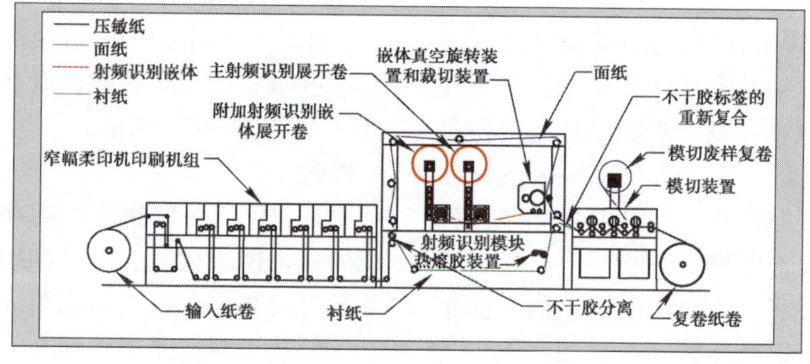

图3-6　装有联线RFID插入模块的柔印机

图3-7 带有印刷的超高频天线的智能标签的正面和背面（试印刷）

以传达视觉信息作为唯一目的的印刷产品与智能标签的重要区别在于智能标签产品也必须能够连接到电子基础设施。如果不这样做，会使产品变得几乎毫无用处。这就是为什么智能标签的可接受的标准必须要考虑到人类可读性和标签功能的电子元件的原因。

在所有印刷生产环境中会引起承印物输送问题的经常存在的危害是静电积聚。通过联线加工在印刷机上插入射频识别嵌体进一步增加了静电导致芯片短路的风险。因此印刷机必须配备静电中和杆或其他类似的防静电设备。

当前射频识别嵌体制造的失败率接近1%～2%。然而，由于每个智能标签在自动化库存更新系统中都是重要的输入元素，往往需要零故障率。为此，每一个从印刷机出来的标签都必须经过阅读器在印刷机收纸装置处验证功能是否正常。有缺陷的标签用喷墨印刷标记出来，在稍后加工阶段去除。

这样一个系统适合多色智能标签的大批量生产，因为射频识别嵌体插入模块安装在印刷机上既不会改变它的印刷功能，也不会降低其额定转速。

为了符合主要零售商（如沃尔玛）使用射频识别功能的要求，一些厂商使用价格相对低廉的热转印打印机生成智能标签。这些设备以热转移印刷过程在已经嵌入射频识别嵌体的标签上打印条形码和其他相关产品的信息（图3-8）。与印刷同时，编码器把数据写入射频识别芯片，查询标签独特的识别号码，并自动对标签进行校准，以防出现废品和损坏。

图3－8 嵌入嵌体后的智能标签的正面和背面（展览会访客通行证）

通过丝网印刷工艺印刷射频识别天线是另一种可能采用的具有良好成本效益的射频识别天线制造的方法。丝网印刷早已被用于印刷电子电路，但它被认为是逊于化学蚀刻铜层方法的加工工艺，因为工艺中粗糙的分辨率无法可靠地再现一般电子电路的细节。不过，由于超高频天线的电路相对简单，丝网印刷可以用来在高速轮转丝网卷筒纸印刷机上用导电油墨印刷天线。这种丝网印刷机配备有红外线（IR）预热器和高流速的空气流动干燥器。虽然印刷的天线的导电率比蚀刻的铝或铜天线的导电率少三倍，在较高的射频识别频率下，这不算是一个问题。对印刷天线的测试表明，它可以与4～8μm厚的蚀刻金属天线相媲美。只有在印刷天线与2μm厚的蚀刻金属天线相比时，才能观察到其性能有所降低。

柔性版印刷之所以能吸引更多的与射频识别相关方面的关注，在于它与包装行业有密切的联系，而包装行业中对射频识别技术的应用具有巨大的经济潜力。但从原理上讲，其他印刷工艺，如胶印（Ramsey 等，2007 年）、凹印、喷墨和前面提到的丝网印刷工艺，都适用于射频识别天线的印刷。在任何印刷过程中，印刷电子元件的优势都在于其添加剂的性质。与化学蚀刻工艺不同，印刷不会浪费昂贵的和有害于环境的物质。印刷工艺也显著减少制造电子元件的成本，因为它们的生产速度与化学蚀刻工艺，尤其是电镀工艺相比要快得多。另外，根据银粒子的价格，原材料成本也可以降低。

有射频识别强化的印刷产品的增长潜力也因为这项技术的应用越来越多而得到推动。迄今为止，射频识别技术还应用于其他众多方面，例如用于飞机零部件达标、食品行业库存保鲜、寻找丢失的奶牛、体育珍品识别、真品保护以及医疗保健病人的数据跟踪等（Riell，2008 年）。据 ABI 市场研究公司的报告，全球射频识别硬件和软件的市场，在 2009 年预计为 85 亿美元（Toensmeier，2005 年）。此外，根据 IDTechEx 技术研究公司 2007 年的估计，射频识别业务预计可以从 2007 年的 5 亿美元增加至 2017 年的 25 亿美元以上（Srivastava，B，2010 年）。

如果能够更广泛地、更经济地像条形码那样来使用射频识别标签，就可以对市场产生更大的渗透。但是这种情况在可预见的将来是不太可能发生的。由于条形码的成本是微不足道的，它们在整个产品范围上的使用从经济上讲都是可行的，其中包括从 1500 美元的纯平电视到 1 美元 1 包的口香糖。另一方面，射频识别嵌体的成本平均为 0.08 美元。如果加上这个基数以及生产成本，依照所加工印件的复杂程度，由一个标签的价格可以推高到 0.28 美元、0.38 美元，甚至是 0.48 美元（Moran，2006 年）。从这些单位价格可以很容易地看出，对于单个低成本产品，如 1 美元 1 包的口香糖，使用射频识别标签是不可行的。

一系列研究和技术标准的举措表明，把 RFID 射频识别嵌体的成本降低到可以在更大范围的产品上经济地使用具有良好的前景。除了在印刷电子领域正在进行的研究，材料科学的研究人员已经发现了几种属于有机半导体类的材料，可以替代价格昂贵的硅芯片。根据这项技术的一些支持者的预测，新材料点燃了射频识别标签的成本能降到每个 0.01 美元水平的希望。

关于标准，新的第 1 类第 2 代 UHF 超高频射频识别协议于 2004 年发布，通常被称为第 2 代（Gen 2）。它建立了一个单一的 UHF 超高频射频规范，并解决了迄今为止通用 0 类和 1 类协议出现的很多问题，同时使理论读取速度远远超过每秒 1000 个标签。第二代标准很可能成为无源射频识别标签标准的基础，并且允许现有的阅读器进行有条件的升级。

智能卡和其他识别卡

大多数人至少在钱包里有那么一张智能卡。智能卡又称芯片卡或集成电路卡，是现代科学技术、材料科学、微处理器技术和印刷工艺凝聚出来的真正的奇迹。目前智能卡的微芯片看似小小的，它的操作系统可是由 12 万行代码组成的，这大致相当于一本 2000 页的书（Rankle 等，2003 年）。

原则上，智能卡和射频识别标签都用于类似的数据采集应用，然而射频识别标签，顾名思义，总是独立于视线或接触扫描设备就能工作的，智能卡既有接触式也有非接触式的。

非接触式智能卡正越来越多地引入物理存取控制，大众交通收费、生物识别护照以及许多其他应用方式。它们使用一些无线电频率和类似于射频识别标签的电子通讯组件。

接触式智能卡通过卡上镀金的接触区域与终端进行物理接触来进行数据交换，被称为一个模块（图 3－9）。接触式智能卡已经有无数的应用场合，包括预付费电话和呼叫卡、图书馆卡、现金卡、电子钱包、酒店的钥匙卡和越来越多的借记卡和信用卡等有安全功能的卡片。

射频识别标签与智能卡之间最大的区别是其微处理器的能力。用于射频识别智能标签的最高容量的二代芯片有 512 比特（bit）（Burnel，2007 年）可擦写的用户内存，而现在用于智能卡的内存则超过256kB。

当考虑电子钱包（图3－10）的功能时，就能更好地理解对更大的智能卡的处理和存储能力的需求。

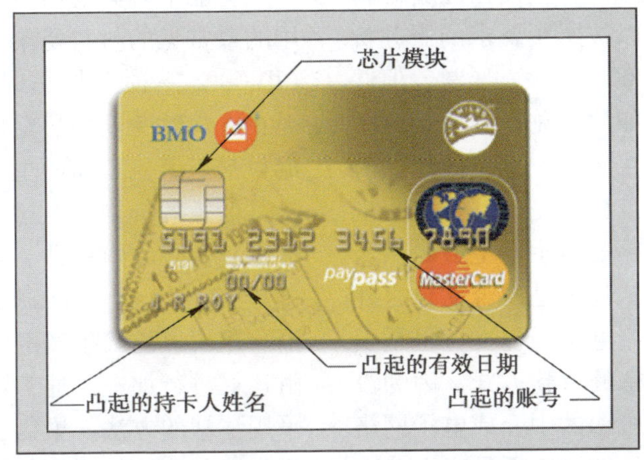

图3－9 智能卡

图3－10 电子钱包的一个例子

电子钱包可以装入可兑换的现金值，随后通过安装在停车场或洗衣店（仅举两例）的终端能够兑换回现金。要给智能卡充值，需要把卡插入阅读器/钞票扫描仪相结合的设备上，于是在阅读器的显示屏上显示当时可用的现金余额，然后在用户插入各种钞票面额的钞票后得到更新。要想兑换出现金，需要把智能卡插入到一个终端中，里面已经编好程序，可以按照所要求的服务价值从余额中扣除。通常，但并非绝对如此，兑换的值是时间的函数，例如一辆车停放的时间。一旦交易完成，在兑换现金的终端的显示器上显示出新的余额。甚至是现金支付之外的操作，电子钱包支付也是安全而保密的付款方式，因为没有金融机构的中介或电子网络参与。此外，这里没有人对人之间的互动过程，交易的隐私性得到了保障。

印刷在智能卡和其他金融交易卡中的作用是产生肉眼可读的界面，而且所有这些卡都一定会有。有时，肉眼可读的接口只描述卡的一般目的，并会给出一些如何使用的信息和一些公司的身份信息。有时候智能卡会有个性化的信息，包括持卡人的姓名、账户号码、卡的有效期等。通常情况下，图形图像以彩色印刷，并点缀有特殊的效果，如折射箔和全息图等，而且智能卡几乎都是两面有图像的。除了这些卡的电子功能，仅是它们的图像方面就可以被认为是高品质的增值类产品。

智能卡和其他塑料卡所使用的最常见的材料是聚氯乙烯（PVC），一种在加热时变软，而在冷却时变硬的热塑性的合成材料。聚氯乙烯的主要优势是其低廉的价格，但这种优势会被其有限的耐用性和缺乏抵抗极端环境温度的缺点所抵消。用聚氯乙烯生产的卡必须由片材进行加工，通常不可能采用注塑的方法。聚氯乙烯受到如绿色和平组织这样的环保游说团体的密切监视，因为它包含重金属化合物，如果焚烧的话，可能会释放二噁英。作为制作聚氯乙烯原材料的氯乙烯，也是一种已知的致癌物质。

另一种作为塑料卡基板且已经得到相当的接受程度的热塑性材料是丙烯腈－丁二烯－苯乙烯共聚物（ABS）。它具有良好的耐极端环境温度的性能，并且既能够以片材的形式进行加工，也能以注塑的方法加工。然而，它的油墨接受性比较低，这是一个缺点，可以通过在生产线上进行联线电晕处理而改善。虽然制造ABS的原材料的苯是一种已知的致癌物质，但它不会释放出任何有害环境的物质。

以其优异的耐久性而闻名的材料是聚碳酸酯（PC）。它的热塑性是在比聚氯乙烯或ABS材料高得多的温度下实现的。这会对依靠热来加工的工艺（如烫金和全息烫印箔），以及在贴磁条时产生问题，因为它可能需要高于最佳温度的温度来把这些材料转变成塑料卡片。此外，大多数的聚碳酸酯是用光气和二氯甲烷加工的，这是对环境有害的物质。

最后是聚对苯二甲酸乙二醇酯（PET），它对环境的有害影响很小，却很难层合，然而这是一个多层智能卡生产的关键要求。它的热塑性特性类似于聚氯乙烯，可以以片材的方式加工，也可以用注塑的工艺加工。

智能卡可以用单层的工艺方法、多层工艺方法，或由注塑模具的工艺来制造。单层构造的智能卡是由同一种塑料制成的，可以简化制造工艺，但印刷出来的图像缺乏耐磨性，因为在它上面不可能进一步覆盖上保护面层。

注塑是把加热的原料压入一个模具使之成为新的形式，因而是将热塑性材料成型为塑料件的一种制造工艺。材料的热塑性质使其在暴露于环境空气时硬化。由于注塑模具工艺以三维形状使塑料件成型，因而需要同时形成一个容纳模块的腔型空间。卡的图像通过在模具和模腔之间引入预先印好的箔，并与注塑同时完成。这就是所谓的模内贴标。然而，注塑工艺每小时约2000张卡的低生产率，不适合数量巨大的智能卡生产。

虽然多层卡结构的制作方法复杂，对技术有很高的要求，但具有最佳的设计灵活性、图像质量、安全功能和制造效率，尤其考虑到卡体的组装和智能卡的印刷组件时更是如此。要更好地把握多层智能卡的制造环节，应当了解一下卡体结构的复杂性。

卡体的所有部件都是大到足以容纳24～48张单独的智能卡的片材来组装的。主卡体由4层组成，在稍后加工阶段中经过层压组合到一起。两个内层形成核心箔，厚度范围从

100～600μm。卡体正面和背面都覆盖着一层厚度为25～300μm不等的箔。这些被称为覆盖箔的箔层承载了卡的正面和背面的印刷图像。它们是用平版印刷以及丝网印刷机预先印好的。还可加上透明的附加覆盖箔，以防止印刷的图像磨损。根据各种卡片的要求，还可以通过复合的方法把签名板、磁条和安全功能在卡上叠压。然后这些箔层在100～150℃的温度范围复合在一起，再用冲压机以每小时4000～8000张卡的速率冲压出单独的卡。

除了以注塑工艺方法进行制造之外，智能卡现在必须在模块要植入的区域提供一个精密加工的腔体。全自动、高精度铣床要铣出一个多层次的腔体，与另一侧的距离在0.15mm范围内。在腔体的深度方向上出现的最轻微的铣加工缺陷，都可能会导致卡体上出现一个薄弱孔位（或是卡体上出现模块状突起），从而超出了可接受的允差范围。卡的铣削加工以每小时1000张的速率进行，同时也完成了卡的物理组装，这时就可以接受电子电路并转变为电子通信设备了。

尽管这里所讨论的核心信息都与智能卡制造的成像方面相关，然而不涉及智能卡功能组件的一些基本情况也是一个缺憾。

智能卡的用户可以看到卡模块接触表面的印刷图形以及那些几乎是装饰性的金属光泽。用户看不见的是模块的电子内容。智能卡的运算系统的心脏是芯片。它厚度为200μm，边长约5mm。正因为如此精致和小巧，无法直接在卡中植入。此外，将芯片与终端连接起来的电气接头有6～8个，而且在正常使用期间对卡进行物理挪移时需要芯片装在一个称之为模块的保护罩内。不同的模块架构有多种，其中被称为引线框架芯片的模块制作工艺是目前最经济的工艺之一。

该模块的支撑结构是120μm厚的由冲压镀金铜合金制作的电路板，其中的镀金铜合金是由塑料模具体支持的。拾放机器人把芯片与引线框架放入，然后连接到接触块的背面，并用焊接线连线。然后在芯片和焊线上覆上环氧树脂圆块，以保护它不与元件相接触（图 3－11）。整个组件厚约 600μm。

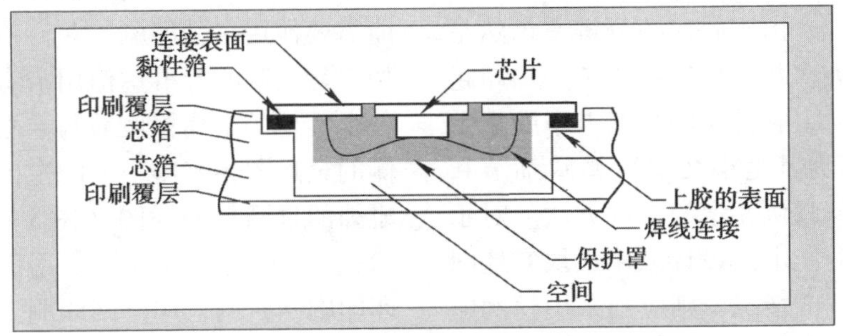

图 3－11　跨多层智能卡的部分与引线框架芯片模块

智能卡的物理制造阶段通过在卡体腔中植入模块来完成，植入时用热熔双面胶带将模块永久附着在它的外围和卡体腔内的与之匹配的支撑表面上。这一工艺并非没有潜在的问题。在大约为 180℃ 的高温下会使芯片过早老化，如果受热的时间不能保持在绝对最短的时间内，可能会毁了芯片。模块植入机每小时可以处理大约 2000 张卡。

覆盖箔的印刷可以在配有 UV 干燥装置的普通胶印机上印刷。到目前为止，胶印机处理的绝大多数承印材料是纸和纸板，这通常可以通过印刷油墨慢慢进行氧化聚合而干燥，不需要有干燥装置辅助干燥。刚印好的表面很大程度上可以避免蹭脏和划伤，因为纸或纸板会吸收一定量的油墨的流体成分。

另一方面，那些要用于智能卡的覆盖箔的合成承印材料是非吸收性的，因此必须要用 UV 油墨印刷，UV 油墨在受到干燥装置的紫外线辐射时可以立即干燥。

合成材料不吸水的特性也可能导致印刷出现质量问题，因为胶印依赖于水来保持非图文区域不受墨。这对于纸张和纸板是没有问题的，因为它们具有上面说到的吸收液体的能力，但在非吸收性的合成材料上就可能造成水的过度积累而出现印刷质量低劣的现象。基于这些原因，在采用胶印工艺印刷智能卡时，应首选能够使用无水胶印印版的胶印机。

由于胶印的分辨率仍然是大多数其他印刷工艺无法超越的，它是印刷智能卡中的文字（尤其是小文本）精致细节和网目调元素的首选方法。对于智能卡的设计采用大块实地图案的情况，则应当采用丝网印刷工艺，因为它能印刷出比任何其他印刷工艺都要厚的墨膜，产生遮盖度好且色彩饱和的实地图像区域。同样重要的是丝网印刷设备的传输系统不会使刚印刷完的图像产生擦伤，这就是任何基材（包括合成材料）都可以用仅以氧化聚合干燥方式干燥的油性油墨印刷的原因。

由于印刷工艺各有优点和缺点，一些非常苛刻的设计可能需要使用多种印刷工艺。例如，最新版的万事达信用卡有一个实地的金属银区域与卡右侧的全息图相叠印，卡的左侧毗邻的是网目调插图（图3－12）。很明显，这可能要用胶印印刷网目调，用丝网印刷工艺印刷金属银实地。为什么不在胶印过程中印刷金属银的另一个原因是它的印刷效果相对来说不够显眼和明快。如果银色金属实地用胶印印刷，用来固化油墨的紫外线辐射会改变它的热塑性特性，足以在烫印箔过程中无法成功转印全息图。

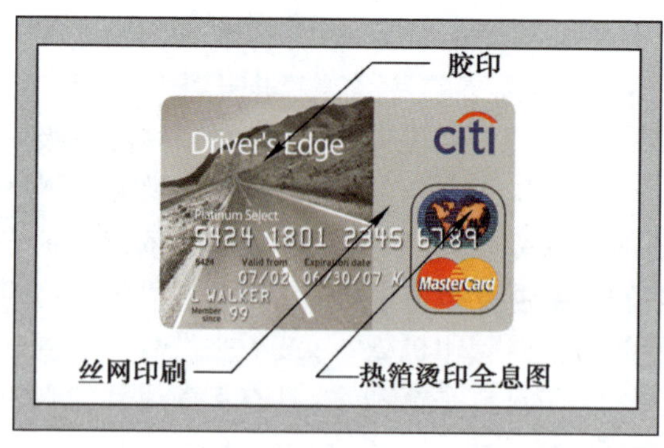

图3－12　多种印刷工艺制成的信用卡

关于这张新的万事达信用卡的设计有个有趣的地方是冲压生成卡上个人信息部分的凸起的字符。这些凸起的字符是有意设计到全息图案中的，以防止被篡改。凸起的字符是最早的信用卡的一个安全功能，现在仍然使用几乎已经过时的手动信用卡压印机来复制个性化的信用卡持有人信息。但是，凸起的字符可以很容易地用热的熨斗压平，然后重新压印以改变信息。通过使凸起的字符制作进全息图里，任何篡改都能一下子就看出来，因为用于烫平字符的热量会把全息图破坏掉。

多层智能卡的正面和背面必须印在单独的箔层上，随后通过层合加工复合到各自的那一面上。

单层智能卡以多色印刷方式印在 800μm 厚的片材上，它的柔韧性不够，无法通过大多数胶印机的滚筒式转印系统。因此，它必须在具有非常大的直径转印滚筒的胶印机上印刷，或是在链条传输系统的胶印机上印刷，类似于金属装饰印刷机。

还有用于专门在单张卡片上印刷的多色胶印机和丝网印刷机。这些机器中，有的生产率高达每小时 20000 张。采用热转印或热升华印刷的桌面打印机也可以用，但它们只适合于印数很少的情况，因为这些数字印刷工艺几乎没有超过每小时 300 张卡的生产率。

智能卡既是经典的图文信息传播产品，也是便携式电子设备，通过接收电子信号并用封装的集成电路对信号进行处理。这意味着智能卡需要电子和物理卡体的严格标准。大量微控制器的硬件测试保证了 CPU 和内存处在良好的工作状态。同样重要的，特别与印刷企业有关的，是卡体在视觉、机械、化学和热量方面的测试。

鉴于智能卡通常是放在其持有人的钱包里，智能卡处理和环境条件是不可预知的，所以卡体需要具有相当的坚固性能。ISO/IEC 10373 是目前唯一的国际标准，其中规定了身份证的非特定技术的测试方法。一些制卡厂家的实验室也可以进行多达 150 种不同的测试，其中包括但不局限于以下几种：①在不同的环境条件下智能卡的性能；②信号的幅度和磁条编码分辨率的检验；③磁条磨损试验；④磁条表面的高度和均匀性；⑤智能卡弯曲刚度；⑥动态弯曲应力；⑦动态扭转应力；⑧智能卡尺寸稳定性；⑨智能卡尺寸；⑩智能卡翘曲度；⑪多层卡的分层；⑫字符压凸凸起的高度；⑬可燃性；⑭耐振动特性。

ID-1 智能卡的物理尺寸是在 ISO/IEC 7810 中定义的标准信贷卡。确切的面积尺寸为 85.6mm×54mm，圆角半径为 3.18mm，厚度为 0.76mm。为了使这里的讨论与北美的印刷企业和平面设计师关注的印刷图像在智能卡可用空间中的位置更相关，所有进一步的尺寸将用英制度量并圆整到接近 1/32（0.03125）英寸的值，除非关键的小尺寸要求更高的准确性，其尺寸值将会以精确地从公制单位数值转换成的英制单位值给出。

在北美，身份证的标准尺寸为 2.125 英寸×3.375 英寸。除了背景图形和图案，应保留 0.125 英寸的外围侧边无图像区。如果智能卡有签名的面板，可以将它放置在外围侧边无图像区范围内的任何地方，只要一个 0.125 英寸的空白区域能够将它与其他文本区域分开。

根据可用空间的不同，签名板的宽度有 0.2500 英寸、0.3125 英寸和 0.3750 英寸几种，长度可达到 2.75 英寸（图 3－13）。它们可能要有安全底纹，使篡改的签名能够立即显现出来。凸起的字母是原来和最早的信用卡上的机器可

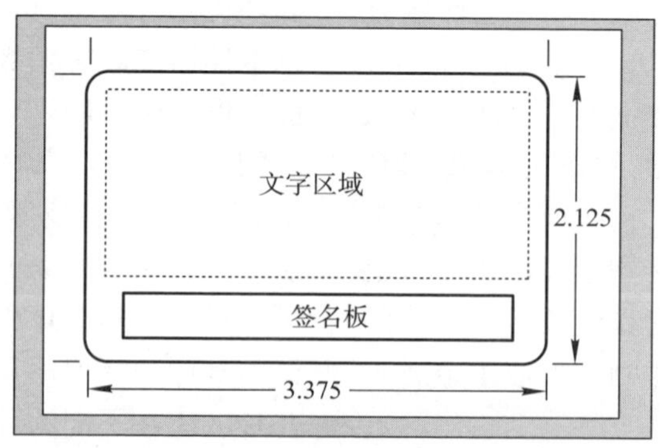

图 3－13　身份证的签名板（所有尺寸用英寸标注）

读的功能。它们仍然是最现代的信用卡的一部分，它们位于卡的下半部分的确切位置是在ISO 7811 标准中规定的。

磁条也是从以前几代的识别卡留传下来的，它们用在许多不同类型的卡上，包括嵌有芯片的信用卡的使用很可能还会继续一段时间，直至过渡到含有微控制器的智能卡的制作工艺成熟为止。具有三条磁道的磁条的存储容量大约为1000 比特（bit）。在图 3 – 14 中所示的各个磁道的宽度是以精确的尺寸表示的，以便清晰地了解整个磁条的宽度要求。

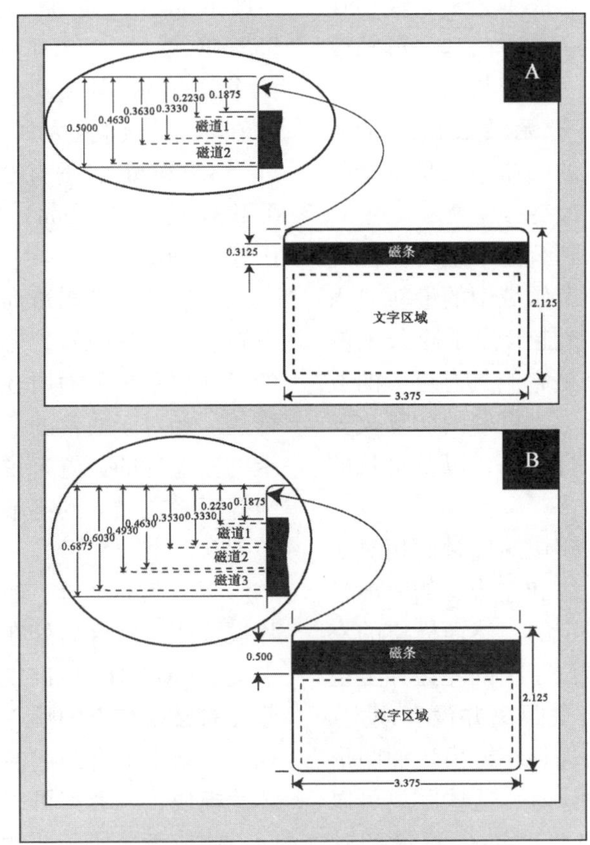

图 3 – 14 （A）–2 个磁道的磁条卡；（B）–3 个磁道的磁条卡（所有尺寸以英寸标注）

因此，为了提供足够的磁性物质覆盖，2 个磁道和 3 个磁道的磁条宽度分别为 0.3125 英寸和 0.5000 英寸。磁条与卡最近的边缘的距离为 0.1875 英寸，可放在卡的上部或下部。在有签名板的情况下，磁条以成卷的箔的方式加工制作，用热熔胶工艺永久性粘在卡上。磁条是对凸起字母的改进，因为，它们与凸起的字母不同，属于无纸数据记录系统，它们的致命弱点是记录的数据易于改变。

嵌入到智能卡上的微控制器是识别卡领域中的最新“入伍者”。智能卡强于磁条卡的主要优点是它们具有更大的数据存储能力，更好的防篡改安全性，运行可靠，以及更长的功能寿命。

虽然模块的接触面相对于卡的上边缘和左边缘的距离是有标准规定的，然而模块的左侧和上侧位于卡的左边和上边的外围边空距离并没有规定。但是，在进行环绕模块的图形元素的设计时，这些距离可以以足够的精度进行测量和计算。测量和计算从顶边和左边到八个接触模块的相应边缘的距离是 0.7087 英寸（18mm）和 0.3150 英寸（8mm）。对于较小的六个接触模块来说，上述同样的尺寸关系分别为 0.7087 英寸（18mm）和 0.3440 英寸（8.74mm）。8 个触点的芯片模块的尺寸大小在水平方向为 0.4646 英寸（11.8mm），垂直方向为 0.5118 英寸（13.0mm），而六个触点的芯片模块的常见尺寸在水平方向上为 0.3276 英寸（8.32mm），垂直方向上为 0.4331 英寸（11mm）（Haghiri 等，2002 年）。

有些智能卡制造商把芯片放在右下部的位置，芯片模块的尺寸关系与上面所述的是一样的。相对于通常的芯片位于卡的左上部的位置来说，这些卡等于是在插入到终端时要旋转 180°（图 3－15）。

当凸起的字母、磁条、芯片模块相互结合后处在同一张卡上，ISO 7811 标准规定了这些元素必须在卡的哪一面上出现。如果卡上有凸起的字母和芯片模块，二者都可以放置在同一侧或者分居于两侧。如果所有这三个组件都存在，磁条和凸起的字母必须分别位于卡

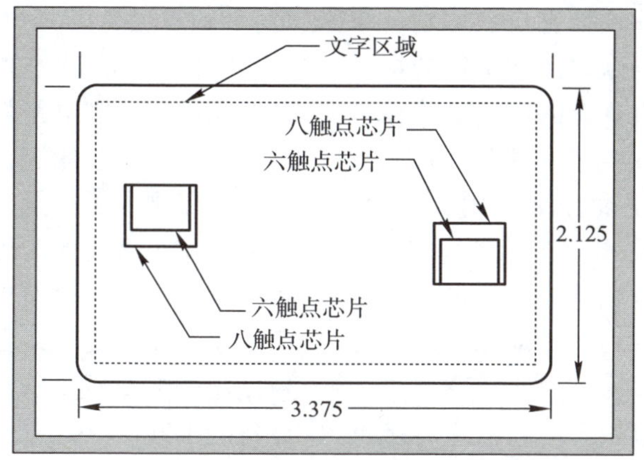

图 3－15　六触点和八触点芯片模块的可能位置
（所有尺寸以英寸为单位）

的两侧。

智能卡的应用在许多领域都在不断增长，但是都超不过电子支付系统和电子通信中的增长速度。可以预料，随着越来越多地使用如借记卡、电子钱包和预付记忆卡等电子支付系统，智能卡的使用会有更大发展。智能卡的使用也反映出移动电话网络巨大的全球增长，它们以用户识别模块（SIM）卡的方式在全球移动通信系统（GSM）的手机中使用。

印刷电子电路

在技术发展的历史中，印刷电子电路可能不会像其他一些开拓创新技术（例如晶体管的发明）那样备受关注，但是如果没有它们，在 20 世纪后半叶的电子设备的快速发展就没有可能。与晶体管一样，印刷电子电路是在 20 世纪 50 年代初开始用于电子元件的大批量生产的，因而它不是一个新概念。

印刷电路这个术语给出了这样的提示，即印刷工艺必须以某种方式参与这些重要的电子元件制造过程。一个恰当的能说明印刷电子电路的功能和生产方法的短语是印制线。在它们被引入之前，电子电路中是以点到点构造的方式制造的。这种联线方法需要大量的物理操作，如剥皮、切割、系带以及与众多的连接器的焊接接线。点到点的构造仍然在一些很重的电子元件和一些一次性的电路设计中使用。然而，对于电子电路的大批量生产，点到点的构造方法对现在所有的意图和目的的应用都已经过时了。

印刷电子电路的主要优点是，一旦它设计好（图3－16），并且生产过程的工具也制造完成，印刷电路就可以由自动化生产工艺中进行大批量生产。印刷电子的另一个重要优势是使小型化成为可能，并将最终导致生产成本更低，体积更小，重量更轻，更方便用户使用的需要较少材料的电子设备的出现。

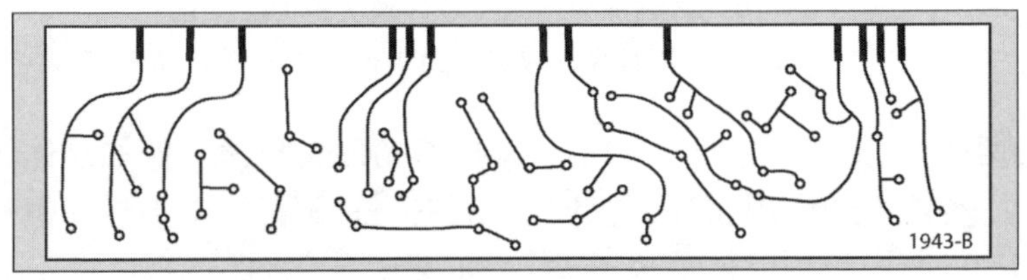

图3－16　印刷电路板（PCB）的母版线迹图

有很多不同的制备印刷电子电路的方法，如照相、涂布、喷涂、金属化、模切烫印或撒粉等。但是在一系列操作中，使用丝网印刷工艺作为印刷电子电路的预备生产工序是最实用的方法（Kosloff，1968年）。

常见的电路板（PCB）的制造方法是一个减法工艺，用耐抗化学蚀刻的油墨直接在导电金属包覆层（通常是铜）和一个不导电的基板（例如陶瓷、玻璃纤维或塑料）上印刷出电路。换种方式，电路也可以先印在印花纸上，然后转印到覆铜箔的层上。由于印刷的抗蚀墨代表的是印刷电路的线迹，当电路板被淹没在含有三氯化铁蚀刻液的蚀刻槽中的时候，只有未印刷的周围地区会被腐蚀掉（图3－17）（Draper 1969年）。

加法工艺虽然不如减法工艺那么常见，有时也被用来在不导电的陶瓷基板上用银导电油墨进行印刷。在这个过程中，印刷电路在加热炉或窑中熔融在陶瓷板上。

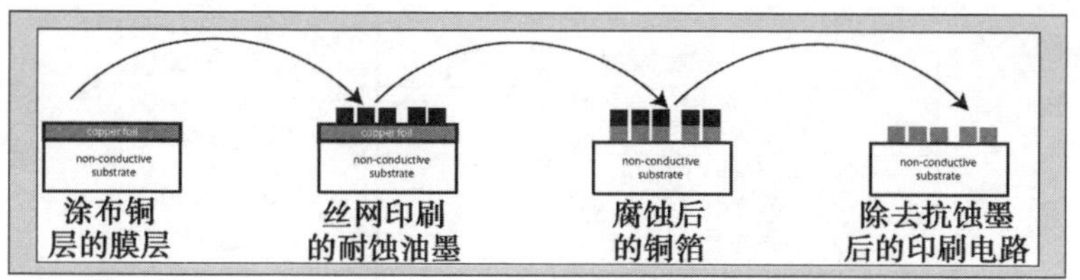

图 3－17　用减法蚀刻方法加工印刷电路板的步骤

从原理上讲，几乎所有的印刷工艺都有印刷电路板的能力。凸版印刷及平版印刷也都已经被使用过。最近，数码印刷工艺，如喷墨和激光打印，也都用来进行印刷电路板的制备工作。然而，丝网印刷仍然是电子电路工业化大生产的首选印刷工艺。

要想把印刷电路板转变为功能性的电子电路组件，电子元件（如电容器、晶体管、二极管或线圈）都要通过焊接元件的导线组装到印刷电路板的外表面上。

EL 灯

比为电流提供通路更具有挑战性的是以印刷方法制造具有功能性的电子设备。这在制造电致发光 EL 灯的过程中已经表明其可能性了，这种灯也称为发光电容器，其工作原理类似于传统的电容器。唯一的区别是：在 EL 灯中，两个平行导体之间的电压（由电介质分开）产生一个电场来激发印刷荧光粉层里的电子，使其发出荧光。

EL 灯的生产技术包括用丝网印刷工艺顺序印上毗邻并叠合的各个膜层：荧光粉、钛酸钡（介质）和银导电油墨等（图 3－18）。

载体材料是一种聚酯薄膜，其中一侧喷溅上铟锡氧化物，这样使得金属箔（ITO 箔）具有导电功能，同时仍保持透明。这个组件作为两个电极之一，切割时比 EL 灯的最终尺寸大 0.5 英寸。

总线用导电银油墨印在 ITO 箔的周围，要在 220 ℉（104.4℃）的温度下干燥 20min。

然后连续两次印刷荧光粉层，在 220 ℉（104.4℃）的温度下干燥 10min。

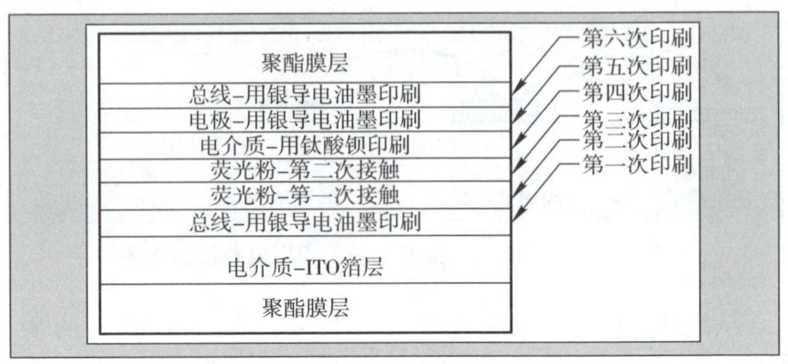

图 3－18　EL 灯的膜层和印刷的次序

然后叠印钛酸钡，产生分隔两个电极的电介质层。它是在 120 ℉（48.9℃）的初始温度下固化的，并在一个具有 220 ℉（104.4℃）温度的斜道上继续固化 10min。

第二电极是用一层银导电油墨印在绝缘层上的，然后像前面印制的银导电油墨那样进行固化。

结束印刷阶段的最后一次印刷是印银导电油墨，然后再次固化，以便铺设用于把电流通向第二个电极的总线。

印刷阶段结束之后，在印刷层上覆合一层聚酯薄膜，使电气元件绝缘。

给导体提供电源的是电池，但是，因为光致发光荧光粉是在交流电的电场中发光的，这种灯的组件也还需要两个电流转换器。

按以上生产顺序产生出的光层如纸张一样薄，不存在灯泡类光源都会有的易碎现象。这种光是可以触摸的冷光，散发出极少量的热，在各种恶劣的天气条件下都是高度可见的。

多色图像，包括汽车仪表板、手机和寻呼机的显示屏、安全标志和动画的销售点广告，如果被印在像聚碳酸酯箔这样的半透明材料上，都可以用黏合剂与 EL 灯结合在一起，把 EL 灯用作背光照明（图 3－19）。图像被印在复合材料的背面或内侧，以便箔材的本身也能对印刷的图像起保护作用。

印刷的汽车天线

虽然挡风玻璃上嵌入式的汽车天线已经存在多年了，一

图 3－19 EL 灯照亮的标识（概念）

个德国研究小组又进一步发展了天线嵌入的概念，将印刷的天线纳入汽车的车体中（Huebner 等，2008 年）。嵌在车身上的天线已经是可行的了，因为现代汽车的塑料部件所占的比例越来越大，其与金属构件不同，不会阻止无线电频率的电磁辐射。

嵌入式天线有几个优点。除了美观的原因和一直存在的恶意损坏天线的可能性之外，现代汽车天线扩展了它通过广泛的频率发送（在某些情况下是接收）信号的功能，这些都是传统拉杆天线从来没有考虑设计的功能。

根据所用的导电油墨中的银含量，所需要的墨膜厚度为 10～20μm，才能达到可接受的导电性，这只有在丝网印刷工艺中才可以实现。除了导电油墨中银含量对天线的性能有重要作用外，还必须权衡高成本的银有没有一种可行的经济的印刷天线替代方案。

集成天线也可以用自粘铜条来制作，然而这也有很多缺点，其中包括浪费很大、在车身部位有痕迹，并且与印刷的集成天线相比，存在着附着力和耐氧化问题。

印刷天线的物理集成，可以通过直接在车体上印刷来实现，也可通过子载体来实现。已经研究出的三种子载体方法是镶嵌、黏合以及包覆成型。虽然所有这些方法都是可能的，但是每一种都需要有自己的材料组合和加工参数。

在调频（FM）广播频段（88～108MHz）进行的电性能比较测试表明，集成的印刷天线的性能优于对照的拉杆天线。

迄今为止，有几家主要的汽车整车制造商，包括爱科集团芬特、芬特大篷车公司以及美国沃尔沃卡车制造公司，在他们的系列生产中采用了集成印刷天线的概念。还有几家，包括保时捷、宝马、戴姆勒和大众汽车公司都正在研究其可行性。

印刷电池

正在进行的电子设备小型化趋势带来了为这些小设备提供电源的电池尺寸减小的需求。举例来说，用比手表的体积大的电池给手表供电显然是毫无意义的。减小电池尺寸大小的努力已有了很大的进步，包括给手表提供电源的电池，最小的 SR63 型纽扣电池的直径只有 2.1mm，厚度仅为 5.8mm。但是像这么小的电池，仍然不适合许多低功耗设备。

对于非常薄的电池的需求，对有源射频识别卡、记忆卡、非接触式智能卡和化妆品贴片来说尤为迫切，因为其固有的物理薄度需要有同样薄而扁平、柔软的电源。

人们正在考虑的一些更细小和更具幻想力的应用，包括会说话的装饰液晶显示器的贺卡和礼品卡、可以播放音乐的扬声器以及能嵌入游戏的卡等，无论如何，这是一个具有数十亿潜力的大市场（NanoMarkets 公司，2007 年）。

一个能够满足薄且具有柔韧度要求的电源可以在薄膜电池中找到，其中，除了具有适当的物理特性可以集成在以微芯片为基础的产品中之外，还可以用印刷制作。电池的印刷是一种相对较新的技术，在目前，大多数薄膜电池的制备都是采用气相沉积或溅射工艺，而使用固体电解质来制作的相对较少。

随着印刷电池技术的成熟，可能会发生向印刷电池转移的趋势，它可以降低成本，能更广泛地更经济可行地应用在大量应用场合中，特别是在所制造的电池可以与它所要提供电源的设备能够一起制造的情况下。薄膜电池，凭借其轻薄和柔软的性质，可以以成卷的形式生产，这样反过来可以在随后的生产阶段中采用非常高效率的卷到卷的工作流程。

除了受益于它的物理属性之外，薄膜电池还有几个性能和环境方面的优势超过其传统的对手，其中包括：①在极端的温度和广泛的湿度范围里具有效能；②有很长的货架寿命；③不可燃性；④几乎没有重金属，如汞、铅和镉；⑤没有可能会导致电池过热和爆炸的腐蚀性化学品；⑥一些薄膜电池可以充电数千次。

在至少有一种市面上销售的薄膜印刷电池中，其电池的所有功能部件都是用丝网印刷工艺把专有油墨印上去的。在最后完成的复合层里包括两个可印刷的基板，基板之间夹着电流收集器、二氧化锰负极、锌正极、电解质以及分隔层/电解质层。整个层的厚度为0.6～0.7mm（图3－20）。电池能产生1.5V的电压，这大约相当于普通纽扣电池的输出水平，如果把几个电池结合在一起，就可以产生更强大的电力。

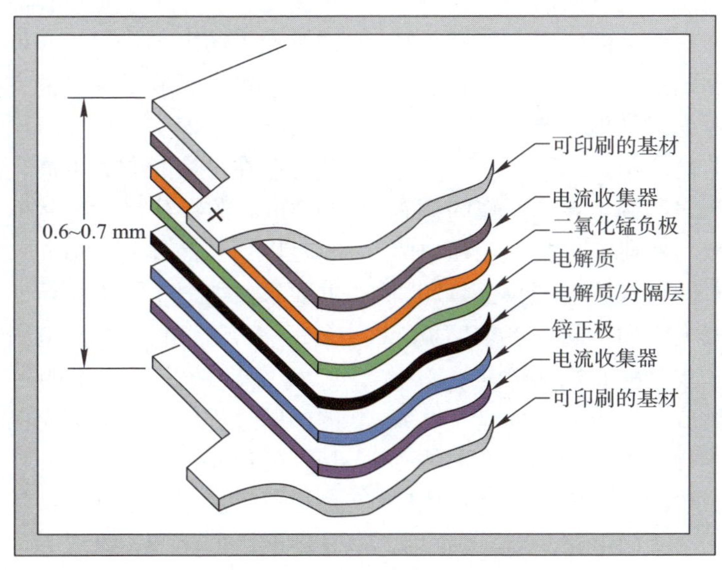

图3－20 印刷电池

印刷半导体研究

驱动电脑、移动电话、数码相机、数码手表以及无数其他电子设备的有源元器件是硅晶体管和集成电路。大规模制造半导体技术很复杂，需要庞大的财力资源。因此，只有极少数国家有技术、有财力资源去建立几十亿美元的半导体生产设施。因此，科学家们正在寻求其他除标准照相平版印刷技术之外的技术，用微型电路来模仿硅元件就不足为怪了。人们正在调研的领域之一是使用印刷工艺来制备半导体的可能性。在这方面已经取得一些非常有前途的进展，特别是喷墨印刷工艺的应用，尽管也正在考虑对其他主要的传统印刷工艺的应用。

对印刷半导体所作的调查导致一些研究人员使用压电喷墨打印机（和普通桌面打印机没有太大的不同）在玻璃板上喷上水基的有机导体。液滴干燥后成为场效应晶体管。继续用半导体聚合物涂布在晶体管上，再涂上介质层，就形成印刷的一个门电路。

虽然在原理上能够形成一个真实的晶体管，但在实际生产中还不具备可行性，因为打印机的 600 dpi 的分辨率所产生的是 50μm 的基本尺寸，这比一个可行的电路所需的 10μm 尺寸要大得多。

因此，为了做到仅仅采用印刷方法来制造半导体，就必须克服印刷工艺不能控制产生足够小的基本特征尺寸的这样一个缺陷。所有印刷工艺本身都存在图像变化的因素。在喷墨印刷中，正是在基板上形成轨迹的液滴的流动性是不容易控制的。在传统的印刷工艺中，许多其他因素，包括油墨的流变性，基材上的润湿性，油墨粒子的大小，印版和网目调线数等，影响了图像的完整性（图 3－21）。一些印刷工艺可以在可控的方式下产生小到 20μm 的特征尺寸，然而仍不足以达到晶体管 10μm 尺寸的要求。如图 3－21 所示，放大很多倍的由柔性版印刷的 12 磅文字的片段，说明一般的印刷过程所形成的固有的不规则的现象。

要解决喷墨印刷的特征尺寸不够小的问题，研究人员借助于能把两种物质局限在各自

图 3－21 图像的完整性

区域内的平版印刷方法。这里不是采用直接在玻璃板上印刷的办法，而是首先由具有疏水性的薄膜形成图案，从而使水性的墨滴局限于图案所形成的区域内（图 3－22）。通过这种方式获得的功能长度可以小到 5μm，这应该能够产生用于显示功能和智能标签这样的产品所需要的开关速度。

电子纸

进入争夺消费者注意力的最新的图形显示技术是电子纸，有时也被称为电子纸、电子墨水或电子墨水显示屏。一些专家把电子纸制品称作一种颠覆性的技术，可以代替真正的纸张（暗示能够代替印刷）作为一类卓越的图形传播的媒介。可以肯定地说，一些电子纸类的产品（如亚马逊的 Kindle、索尼的 LIBRIé、索尼阅读器、iRex 公司的 iLiad、翰林和 SyBook 的电子阅读器）不能被小视为一种雕虫小技，但也不能因为它们能提供一种看似接近阅读印刷页面的阅读体验就风行一时。

看到物理世界中的观察对象是因为环境光源照射到了物体上，物体有选择性吸收一些电磁辐射，而未被吸收的部分反射到人类的视觉系统中。我

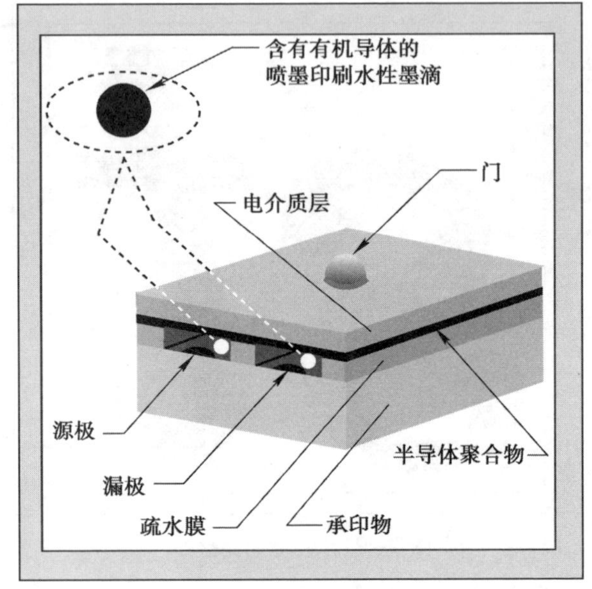

图 3－22　印刷的聚合物芯片

们能看到印刷的图像正如同我们看到的物理世界一样，因此，可以合理地推测，阅读印刷的页面不会受到可能会导致身体不适的人工障碍物的影响。

直到最近，所有的电子显示屏都是用一个集成的光源做背光，这在今天的电视机、电脑显示器，游戏机或手机显示屏都采用液晶显示器（LCD）和等离子显示技术的时代也仍然是这样。对于这些应用，背光显示屏是一个优势，因为它们能产生极其明亮、饱和的色彩，以及它们在黑暗中具有的可视性。

当第一本电子图书在 20 世纪 90 年代初推出的时候，它们配备了当时具备的背光电子显示屏。早期的电子图书为人们所接受的速度很缓慢，不仅是因为它们的全新的和独特的结构，而是人们普遍认为其背光显示屏对于近距离观看和持续的阅读是不理想的。

2006 年，索尼公司所制造的索尼阅读器采用了高分辨率的电子纸显示器，顾名思义，它不需要背光。因此它成为所有新的电子图书的新标准。

目前有两种类型的电子纸技术：电泳/电致变色显示技术和有机发光二极管（OLED）。

电泳/电致变色显示技术的核心是填充有悬浮在黑色染料油中的白色颗粒的细小的微胶囊。当在液体聚合物层中带有轻微负电荷的电子墨水胶囊（夹在上部透明的电极阵列和下部的电极阵列之间）接收来自上部电极的负电荷时，微胶囊中的白色物质受排斥到达胶囊的底部，黑油则被迫到达顶端。施加正电荷的时候正好相反。观看显示屏的人通过透明电极看到一个由变成黑色的微胶囊组成的图像。转变成黑色的微胶囊与转变成白色的微胶囊并列（图3－23）。除了电致变色技术具有显示彩色的能力外，其他方面与电泳技术完全相同。

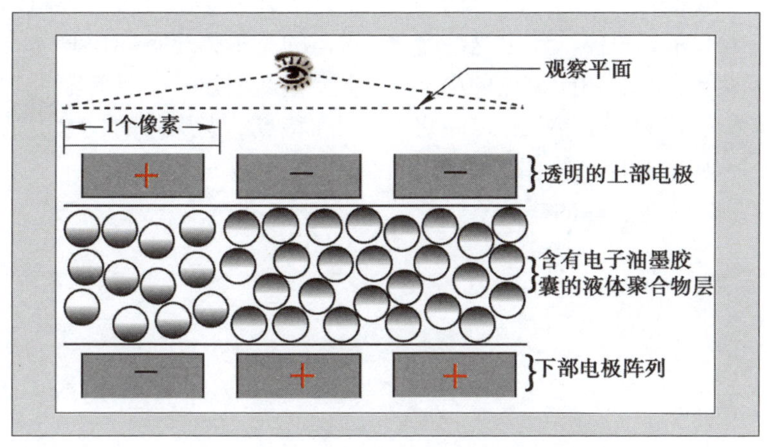

图3－23　基于电泳显示技术的电子纸

有机发光二极管（organic light-emitting diode，缩写为OLED）实质上就是一种二极管，加上电压时通过有机化合物层来发光，而不是电流导电发光。虽然有机发光二极管能够产生很好的运动和图像质量，但它的使用寿命有限，只有大约5000h的寿命，这可能是目前大多数电子书制造商都在他们的设备中使用电泳/电致变色显示技术的原因。

目前电子书设备的技术通过详细介绍广为流行的 Kindle 电子书的特点就能得到很好的说明。Kindle 电子书是亚马逊网上书店（Amazon. com）销售的。它允许通过无线下载超过 35 万种图书，还有国际范围的杂志和报纸。其存储容量可达到 1500 种图书，重量只有 10. 2 盎司，以 16 个灰级显示图像，并可以从阅读模式切换为听的模式。

虽然电子书的最终目的与实体书完全一样，产生这些令人印象深刻的功能特点的电子技术与印刷技术毫无共同之处。因此，电子图书必须被看作是具有竞争性的，而不是互补的技术。例外的情况是本书在一开始时就谈到的偶然的新奇应用，在这个例子中看到的是主要的全国性杂志在封面上使用的电子纸嵌体。这些附加的功能通常都是在印刷企业里的装订部门集成的，这也强调了当人们对增强印刷产品的效果成为一种日常需求时，装订工序的相对重要性。

印刷产品在它们长期存在的历程中，第一次要面临竞争，与其说是来自于一种新的媒体的竞争，还不如说是来自于要重新创建一个具有额外功能和特点的老媒体的技术上的竞争。

4

印刷油墨的多种用途

用着色剂的方法再现图像可以追溯到人类发展的最初阶段。通过亲眼目睹著名的拉斯科和佩谢·默尔洞穴壁画所描绘的旧石器时代的人类自然环境，可以看到这些以天然的颜料如赭石描绘的马和飞行箭头的场面，以及通过一个骨头碎片的孔口吹烟灰绘出的人类的手（可能借助一个人的手为模版）（Breuil，1979）。在谷登堡的发明中，他要是没有同样重要地发现油墨的化学混合物可以与他具有开创性的铅活字相兼容，这项发明也就不可能出现，因此着色剂的意义也是显而易见的。

现代印刷油墨具有良好的印刷特性，在用于标准印刷产品的时候尤为如此，发现其中一些现代油墨令人惊奇地与谷登堡使用的油墨很类似。人们在油墨助剂、颜料、光油材料，以及改善颜色的鲜艳程度、印刷图像的耐久性、对非标准承印物的印刷适性等领域不断进行研究和发展。尽管今天绝大多数的印刷输出仍然延续谷登堡的图文信息传播方式的传统，但是有些印刷却通过使用专门配制的色膏和油墨来掩盖图像、与磁性器件相互作用、释放出香味，或者能够导电等。

▫ 传统印刷油墨的基本特性

对印刷油墨的基本要求是赋予颜色和干燥的能力。无论什么印刷工艺，油墨赋予颜色的物质都是颜料，这是它们的终极相似之处。印刷油墨干燥的方式根据不同的印刷工艺有很大的差异。由于传统印刷与数码印刷工艺既有一些相似之处又有所不同，把它们分开来讨论还是有用的。

用于四大传统印刷工艺（平版胶印、柔印、凹印和丝网印刷）的油墨是由颜料分散在连结料中组成的。凸版印刷工艺在这里不做具体讨论，因为它不再是一个重要的印刷工艺，同时也因为胶印油墨在凸版印刷工艺中使用也可获得相当好的效果。

被磨细的颜料，其正常的大小范围在 0.1 ~ 2μm 之间（Kipphan，2001 年），是构成油墨的固体成分。它不溶于连结料而只是分散在其中。连结料相对来说是无色的多成分的液体，在油墨中起流动成分和结合剂的作用。

胶印油墨

单张纸胶印平版印刷油墨具有干燥油所赋予的膏状的黏度。在具有催化作用的金属盐类的协助下，大多数胶印油墨是通过氧化聚合过程干燥的，在环境空气的影响下，形成长的交织在一起的分子链，直到油墨在 2 ~ 4h 的时间里达到功能性的干燥（图 4 – 1）（Nelson，2001 年）。

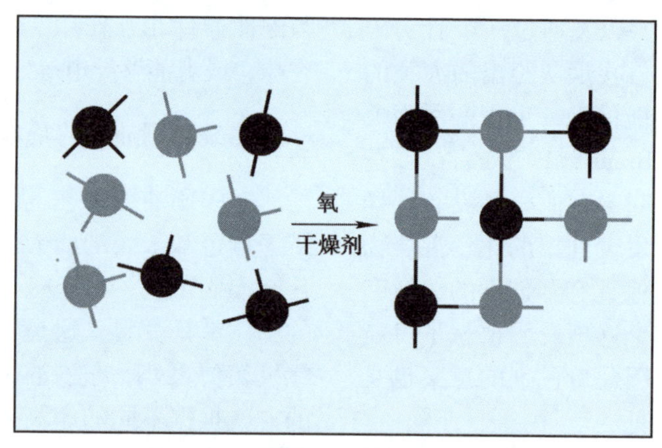

图 4 – 1　胶印油墨的氧化聚合作用

虽然以干性油为基础的连结料也会出现在热固型卷筒纸胶印工艺使用的平版胶印油墨中，其主要的连结料成分仍含有挥发性溶剂。这些溶剂在通过干燥装置，在高温和空气湍流的影响下蒸发，从而使印刷墨膜获得足够的刚性来承受联线操作（如折页机）时的摩擦。

在具有高吸收性的承印物（如非涂布纸和新闻纸）上的印刷往往是在非热固型卷筒纸印刷机上用新闻报纸油墨印刷的，它不需要干燥装置来烘干。这些油墨的连结料完全靠吸收干燥，其所包含的不干性矿物油会渗透到纸张的纤维中去。

丝网印刷油墨

丝网印刷油墨也有膏状的黏稠度，但它们比平版胶印油墨的墨丝短，因为它们不必经过任何形式的墨辊转移。

大多数丝网印刷油墨是靠油墨连结料的挥发而干燥的。油墨的连结料由溶剂组成，可以达到油墨总重量的70%。也有油性的丝网印刷油墨，其干燥过程与平版胶印油墨一样是通过氧化聚合过程干燥的。由于丝网印刷工艺比其他印刷工艺印出的墨膜都要厚，因而其颜料含量比例较低。然而，墨膜厚度也可以有变化，在这种情况下，油墨的颜料比要进行相应的调整。

柔印油墨

柔印油墨和凹印油墨的流动性接近钢笔墨水，其黏性明显低于平版胶印油墨和丝网印刷油墨。

柔印油墨含有醇类或水性的连结料，占油墨总重量的50%～75%（Crouch，1998年）。柔性版油墨在非吸收性承印物，如聚氯乙烯（PVC）上印刷，完全靠挥发干燥，在纸或纸板上印刷时部分靠吸收干燥，部分靠挥发干燥。

凹印油墨

在凹版印刷油墨的连结料中所含的不同溶剂必须与范围广泛的承印物相兼容，包括非涂布纸、涂布纸、纸板、玻璃纸、聚乙烯以及墙纸等。水性的连结料也被用于凹版印刷油墨用来印刷目录册、杂志、报纸和礼品包装。凹版印刷油墨通过挥发干燥，但用水性连结料在吸水的纸张或纸板上印刷时，也有一些吸收的作用。凹版印刷油墨比平版胶印油墨和柔版印刷油墨的颜料用得少，因为凹印工艺能够把较厚的油墨传递到承印物上，产生极其暗调的区域。

数字印刷油墨的基本特性

两大数字印刷工艺是静电复印（也称激光打印）和喷墨印刷。虽然每种数字印刷过程都具有独特的基本原理，但是所有数字印刷工艺的共性都是通过电荷或静电力把着色剂传递到承印材料上的。传统油墨的流变性（或油墨的流动特性）对油墨从墨源转移到承印材料上有很大的影响，而在数码印刷工艺中，则需要考虑着色剂的电气性能。

除了在许多传统印刷工艺的干燥阶段发生的吸收和挥发现象，一些数码印刷工艺中的着色剂是通过由热量引起的熔融过程然后冷却而干燥或固化的。

电子照相油墨

虽然一些电子照相印刷系统也使用液体油墨，大多数激光打印系统都使用干粉状的物质，通常称为墨粉作为着色剂。墨粉是由颜料和热塑性黏结剂材料（如聚酯、聚苯乙烯、聚酰胺）所组成的。电子照相的着色剂还需要载体颗粒，称为铁粉芯，通过摩擦生电的力量来运送着色剂。这些铁粉芯由比 5 ~ 20μm 的墨粉颗粒直径大 5 ~ 10 倍的氧化铁颗粒组成，当墨粉颗粒利用电位差被转移到感光鼓或感光带的光导表面之后返回油墨仓中。墨粉颗粒在 150℃ 和一定的压力下固定在承印物上，这时其中的热塑性物质熔化，随后通过自然冷却连同颜料一起固化（图 4 – 2）。

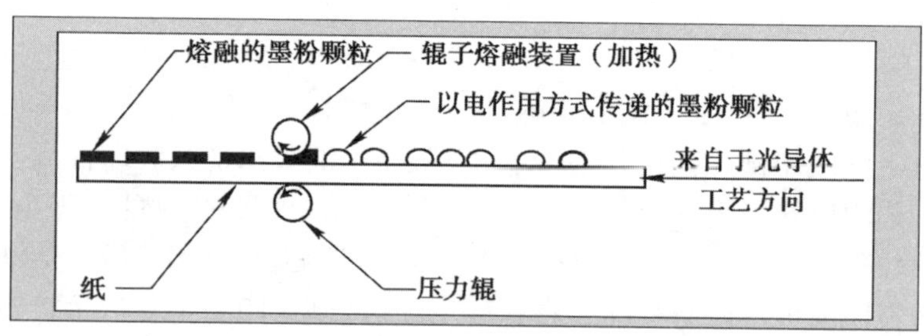

图 4 – 2　电子照相熔融阶段

喷墨印刷油墨

在喷墨印刷系统中，可控制的墨滴流被喷向承印材料。这种类型的工艺需要油墨具有相对高的流动性，否则，由于通过电声或热电部件将液滴以每秒钟两万到数十万个液滴的速率喷出，其打印头的喷嘴就有可能堵塞（Nothmann，1989年）。此外，想要在喷墨系统中使用快速干燥的油墨来提高生产力，必须考虑到油墨过早干燥也会进一步引起打印头喷嘴堵塞的可能性。大多数喷墨油墨是含有有机染料的水性油墨，它是通过承印材料的吸收和油墨挥发相结合来实现干燥的（Nothmann，1989年）。具有40m/s速度的液滴（Kipphan，2001年）通过它的通道喷射到承印材料上，加上流动性比较好的墨水在粗糙的吸收性承印材料上的过快扩散的综合作用总是存在各种可能的情况（图4－3）。各种尺寸的液滴在它们经过空气滴落时具有30μm的大小，一旦它们经历冲击、吸收和挥发阶段，其尺寸会增加一倍达到大约60μm。喷墨印刷产生的墨膜厚度小于1μm，但是根据要成像的印刷材料的不同，其墨滴大小和墨膜厚度值可以有很大的不同。使用在涂布树脂的基材上涂有多个微孔涂层的承印材料，可以获得最佳的打印效果。

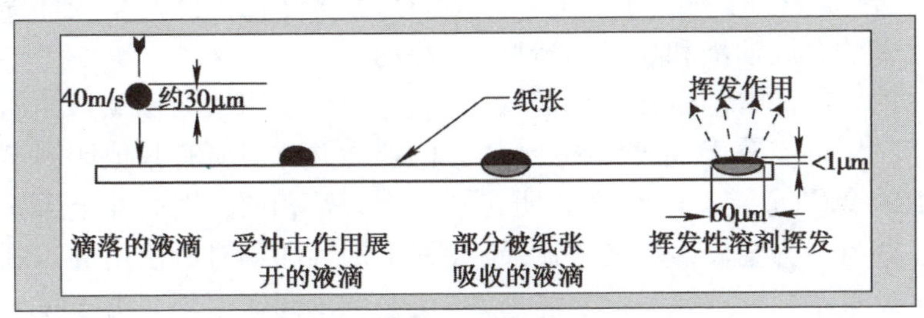

图4－3 喷墨印刷油墨附着的过程

金属油墨

随着现代的技术、设备和材料的发展，用四色印刷、摄影或彩色视频方式可以复制栩栩如生的图像。然而，一些对象（如珠宝、银器或硬币）就不能如实地再现，因为所有的标准成像技术本身都缺乏能够再现这些材料的金属光泽特性的能力。如果使用着色剂来再现由金属物质本身产生的金属表面，钢材、铜、青铜、白银或黄金的光泽都可以相当真实地再现。这是印刷工艺胜过电子媒体的地方，因为印刷工艺允许使用多种材料，包括金属油墨。

在印刷工艺中产生金属效果有四种方法：在金属化的纸张上印刷，用烫金工艺转印金属箔，将金属粉末涂布到一个刚印完的印刷表面上（擦金），或用金属油墨印刷图像。

在这些方法中，擦金能够产生最炫目的金属效果，特别是在擦金工艺之后不再涂布清漆或上光油时更是如此。然而，这对于大多数应用场合是不切实际的，擦金工艺中不加保护的颜料的耐磨性非常差。大多数金属油墨和颜料制造商在销售文件中都声称，他们的产品接近或等于金属箔和金属纸的金属光泽，这似乎表明，这些材料为金属表面的复制质量设置了标准。

不过，用金属油墨印刷，其成本效益高过烫金、擦金或使用金属箔和金属纸，因为它不需要任何其他的附件或特殊承印材料。金属油墨与其他方法相比的另一个优点是金属油墨的价格比较低，并且在印刷机上使用时不会降低额定的生产速度。

用来再现黄金色调的金属油墨中含有用以铜为主的合金制得的颜料，习惯上称为铜颜料，但是其中会有高达30%的锌含量（Eldred，2001年）。它们更准确的描述应该是黄铜颜料，因为青铜主要是由铜和锡（Eckart 有限责任公司，2008年）所组成。产生银色色调的银色金属油墨是由铝制成的。

随着金属颜料颗粒尺寸的增加，它们能产生金属效果的能力也提高了，然而金属颜料的遮盖力基本上是随着金属颜料尺寸大小的下降而呈线性提高的。

由于使用大颗粒颜料油墨的能力并非对所有其他印刷工艺来说都相同，因而其金属光泽会因为印刷时所使用的印刷工艺的不同而不同。由于技术上的限制，平版胶印所用的金属颜料颗粒大小的上限大约为5μm。这是为什么平版胶印不能产生像柔版印刷或凹印那样炫目的金属光泽的基本原因，柔版印刷和凹版印刷可以使用金属颗粒大到50μm的油墨。

从某种程度上说，胶印机组无法使用大颗粒颜料的缺陷可以通过配备专用水性上光或 UV 上光单元的印刷机来解决，从而可产生极好的金属效果。

铝颜料是利用相对较新的物理气相沉积工艺（PVD）来生产的，要比常规生产的颜料薄五至六倍。含有这些颜料的金属油墨在胶印机组上印刷时可以产生极其炫目的金属效果，因为这种颜料平行于承印材料表面排列的速度比常规生产的金属颜料要快。与传统制造的金属颜料相比，这些新的金属油墨在涂布后不会失去金属光泽。含有 PVD 处理的颜料的金属油墨有黄、蓝、绿、金以及银的色调，它们可以相互混合，从而产生出大量的金属色调（Seubert，2003 年）。

如果叶片状的金属颜料在油墨中是以这样的方式进行排列，亦即它们集中在干燥的墨膜表面附近，就可以称之为悬浮型颜料。悬浮型颜料能产生最高的光泽，但耐磨性较弱。非悬浮型颜料在整个墨膜中则分布得比较均匀。出于这个原因，它们被更多地嵌入连结料内，这会使它们有更好的耐摩擦性能，但金属外观效果有所降低（图 4 –4）（Wissling，2006 年）。

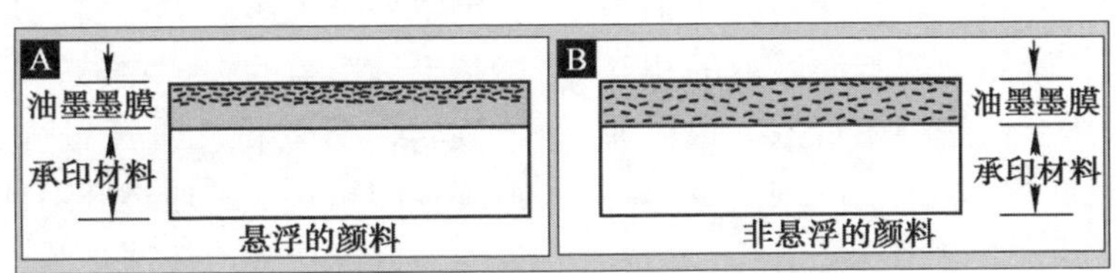

图 4 –4　悬浮的颜料（A）和非悬浮的颜料（B）

金属油墨也可用于丝网印刷工艺，这里不与其他印刷工艺相提并论是因为它大大降低了生产率和图像分辨率。当在丝网印刷过程中使用金属颜料时，必须考虑丝网网目大小和颜料大小的比例。丝网网目的大小应当比最大的颜料尺寸还要大 1.5 ~2 倍。

喷墨印刷工艺一直被认为不适合金属油墨印刷，因为其打印头喷嘴的小孔不足以让这些油墨中的金属颜料通过。但是人们正在寻找能够与这项工艺相兼容的金属油墨配方。在 2008 年德鲁巴印刷展会上颜料制造商展示了用按需喷墨型的爱普生喷墨打印引擎采用溶剂型金属油墨打印的可行性。颜料制造商目前正在与几家主要的打印头制造商合作，采用他们的打印头进行金属油墨的印刷。截至 2008 年 5 月，这些使喷墨打印引擎能够打印金属油墨的努力都已经进入中试阶段。

金属油墨的颜料颗粒比较粗，分散性差，会导致出现印刷适性的问题，因为印刷机的输墨系统基本上是按标准的印刷油墨设计的。尤其是平版胶印机，金属油墨在很长的墨路中从一根墨辊传递到另一根墨辊，金属油墨与润版液的相互作用会产生堆墨现象。银墨通常比金墨产生的问题要少一些（Eldred，2001 年）。

擦金

擦金目前主要用于包装、标签、贺卡印刷，是一个历史悠久的金属装饰技术。它源于在刚印完的凸版印刷品表面手动撒上金属粉末，然后用棉垫手工刷匀这样的操作过程。这仍然是今天所用的机器擦金方法的基本原理。

在各种擦金方法之前，必须用黏性物质印在要覆盖金属颜料的区域，在印刷和撒颜料工序之间的过渡时期这些黏性物质要保持黏性。要把金属颜色或其他类型的颜料附着在承印材料上，在平版胶印过程中要印上一层粘附力和黏性都很高的黏油。对于一些半透明的颜料，如各种珠光颜料，也可在承印材料上预先印制上彩色以实现各种彩色的效果（Eckart，2007 年）。

在各种机型的擦金机上都有涂布颜料的工序。在一种滚筒式的擦金机上，整个过程都是围绕一个大滚筒进行的，开始是毛绒覆盖的辊子在导管下方旋转，擦金粉从管道输入，弹到承印材料上。通过开启或关闭横向的挡板，使擦金粉的流动只限于需要金粉的区域。这种毛绒覆盖的辊子最多可有 13 个，起刷匀和刷净的作用。辊子有不同直径，以不同的表面速度将颜料擦到具有黏结力的黏油上，然后进行抛光并把多余的颗粒扫净，剩余的颗粒由真空泵送回重新循环使用（British Letterpress 公司，2009 年）。在其他平台式的机型上，擦金方式多少有些类似于手工操作，使用来回串动的垫或循环的毛绒带把颜料刷匀（Pfaff，2008）。

在擦金阶段完成时所产生的金属光泽的质量可能不会被任何其他方法所超越，但这里仅由黏油把颜料黏附到承印材料上的附着力，不足以承受正常使用和挪移所需要的耐摩擦性。特别是对于食品包装的产品，金属颜料颗粒哪怕是最微小的一丝松动都是不可接受的。

出于这个原因，需要通过平版胶印机再走一次纸，用水性光油或 UV 光油材料将金属颜料密封起来。这不仅赋予擦金的区域一个可接受的耐磨性，而且还能防止金属颜料的氧化。虽然金属颜料在涂布光油后会使其光泽有一定的损失，但珠光颜料的视觉效果实际上是增强了（Strauch，2009 年）。

擦金表面上良好的金属光泽主要是由这项印刷工艺中能够使用的从 10 ~ 200μm 的大颜料颗粒来产生的（Pfaff，2008 年），但是擦金表面在接受上光油后，其金属光泽与金属纸或金属箔相比是差了、相同还是更好则难以判定，因为对金属光泽的质量的衡量有时还是相当主观的。

所使用的纸张必须要有足够的表面强度，要能够承受在擦金之前预先涂布的黏油。否则，纸张纤维会被粘起而导致擦金区域的质量下降。

擦金有三种工作流程方案。多色胶印机在纸张上印刷图像和擦金黏油区域，然后把纸张转送到擦金机上，通过单独走纸来接收金属颜料，接着在胶印机上进行第三次走纸，执行上光操作。如果擦金机在机械上与胶印机联接起来，印有图像和擦金黏油区域的印张通过纸张传送系统输送到擦金机上来接收擦金颜料，然后在胶印机上进行后续的第二次走纸时完成上光。如果擦金机在机械上与一台装有上光机组的多色胶印机连接起来，它也可以一次走纸连续完成印刷、擦金和上光的操作。

金属化的承印材料

金属化的承印材料有一层薄薄的铝，是以气相沉积的方式蒸镀的，平均厚度大约为 150Å。这比现有最薄的铝箔还要薄100倍。由于气相沉积生成的材料具有极高的纯度，经过这样处理的表面具有极佳的视觉特征。可印刷的金属化基材包括聚酯和聚丙烯箔，机织和非织造的布，适合标签和折叠纸盒的各种级别和克重的纸张。金属化基材大多在标签印刷和包装印刷中应用，以及在需要有金属质感的商业印刷中应用，有些纸商能够提供30多种颜色的金属化承印材料。

由于金属化的承印材料已经拥有所需的金属质感，对于金属化纸张来说，其中印刷的区域形成背景，而未印刷的区域构成的设计图案中的金属部分。这就要求使用的油墨必须是不透明的，否则承印材料的金属光泽会通过印刷的墨膜显露出来。如果一个平面设计包括四色印刷和金属的文字或图形，金属化的区域必须先印有不透明白墨，设计图案中的金属部分作为没有油墨的镂空图像。四色印刷的复制通过再次走纸印刷叠印在上一次印刷不透明白墨的区域上。在一些装有印刷机组间干燥装置的柔性版印刷机上，也可以一次走纸完成印刷不透明白墨和印刷四色套色。

适用于在平版胶印机上印刷金属化的纸张的油墨是特殊的铝箔油墨或是受紫外线辐射时能够固化的UV油墨，因为使用标准的印刷油墨在这些纸张的非吸收性金属层上印刷可能会导致干燥和附着方面的问题。

特效颜料

由一家主要的颜料制造商出版的一本参考书（《颜色汇编》，默克公司）用22种不同效果的油墨获得了35000多种颜色和色泽。这些油墨提供的惊人的可能性也许永远无法详细描述出来，这样做也不会特别有用，因为有众多因素影响，而且缺乏对所获得结果的评估方法。然而，这里进行讨论的是对加强特效颜料的基本功能发挥作用的工艺及其材料的性质、技术、材料条件和技术规格。

传统颜料的设计是用来再现真实逼真的颜色，而特效颜料的目的就不同了，它是为了产生一种惊喜感，通过相互的组合以及与其他着色剂的组合，产生不同程度的像光泽、微光、丝光、闪烁、虹彩、干涉色和珠光效果这样的视觉感受。

虽然每种特效颜料都有它自己的物理和光学性能，但是有一些是它们共有的一般特征。特效颜料都包裹有几百万分之一毫米厚的金属氧化物层，是非常光滑、透明或半透明的片状物。从颜料表面的多个方向上反射光线产生光学效应（图4－5）。

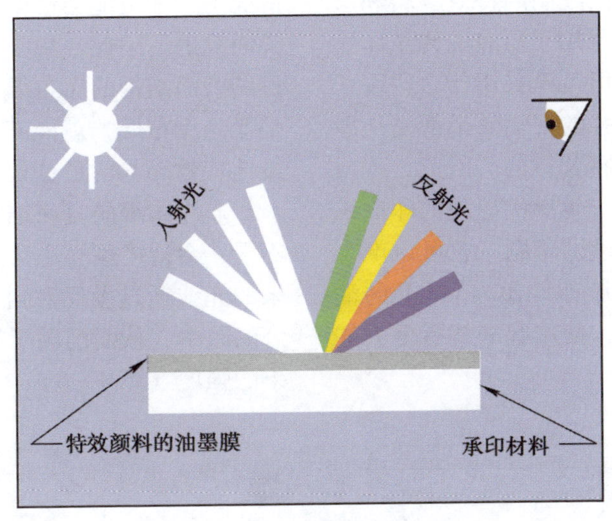

图4－5 特效颜料的光线反射

有一些颜料，如珠光颜料，是由天然矿物质云母制成的，然后覆盖上述的金属氧化物层。如果持续增加金属氧化物层，就会生成干涉颜料。当观看的人改变视角时，干涉颜料效应的颜色就会发生变化。其他效果颜料都是以合成的二氧化硅小片覆盖上金属氧化物为基础的，当观看的角度和光源的入射角发生改变时，会产生有细微差别且有流动感的色彩变化，对于暗调颜色这样的效果尤其显著。还有一些以钙铝硼硅为基础的特效颜料，可以通过它们强烈的光线反射而区分开来，这样即可产生闪闪发亮的视觉感受。后一类颜料在与其他同类品种混合时，可以产生无数的颜色和组合效果。

并非所有的特效颜料都同样适合于所有印刷工艺。例如，基于三氧化二铝的晶体特效颜料就不适合具有旋转图像载体的印刷工艺，唯独使用的印刷工艺是平面丝网印刷工艺。

专门配制的特效颜料和参考图框可用于所有的传统印刷工艺，但无论采用什么印刷工艺，最强的视觉效果都是从厚厚的墨膜获得的。因此，本质上能够产生厚的墨膜的印刷工艺，如丝网印刷，它可以产生比平版胶印厚 10 倍以上的油墨墨膜，使用起来就有更大的优点。

要使特效颜料能够产生的视觉效果最大化，正确选择承印材料也是一个因素。因为颜料小片的表面本身能够与承印材料的表面平行排列，只有在承印材料的表面也比较平坦的情况下，才可能会产生强烈的镜面反射。因此，具有相对光滑的表面结构的涂布纸（特别是亚光涂布纸）就能满足实现最佳特效颜料的最佳效果的要求。非涂布纸的表面结构凹凸不平，会造成颜料小片反射出来的光线通过漫反射到达观察者的眼中，从而削弱了视觉效果的强度（图 4 –6）。

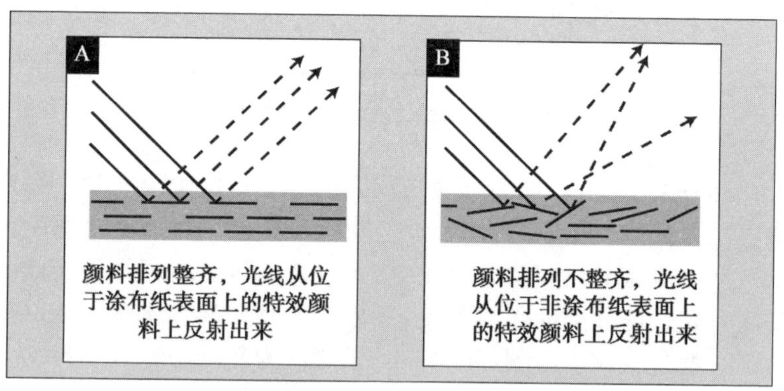

图 4 –6　光线从位于涂布纸（A）和非涂布纸（B）表面上的特效颜料的反射情况

预先已经涂布特效颜料的纸张最好是用氧化聚合型油墨来印刷。通常这些类型的油墨能够快速干燥。印金属箔用的油墨就能够以氧化聚合的方式进行干燥。

将特效颜料与四色彩印结合起来会很大程度上改变高光的色调，并且以不同色序印刷特效颜料时可以预期得到不同的视觉效果。把特效颜料在第二顺序印刷时会产生独特的效果和理想的光泽，而首先印刷特效颜料时，会增加色彩的深度和强度。

当把特效颜料印到预先印制好的已经干燥的印刷品上时，视觉效果一般会更好，而湿压湿的印刷效果会使外观更均匀一些。湿压湿印刷特效颜料时，不建议先印刷特效颜料，因为特效颜料油墨的黏性一般比传统油墨低，这样可能会导致油墨叠印问题。

将特效颜料运用到四色网目调印刷时，需要把特效颜料的印版也制成网目调的，不过所使用的加网网线应当要比四色印刷工艺所用的网线线数粗得多。总体目标是生成的网点比在油墨配方中使用的特效颜料的最大颗粒大 1.5 ~ 2.5 倍。调幅加网（AM）和调频加网（FM）方式都可以用来制作特效颜料的印版。特效颜料印版的最佳调幅加网线数是 21 线/厘米（圆整后为 55 线/英寸），最细不要超过 34 线/厘米（圆整后为 85 线/英寸）。调频加网技术特别适用于特效颜料印刷制版，因为调频加网可以加强特效颜料的效果，但是网点的大小不应小于 40μm。低于 30% 的网点覆盖率可造成毛边，而特效颜料所造成的视觉效果在覆盖面积大于 80% 时就不明显了（Merck Chemicals，2008 年）。

尺寸在 5 ~ 25μm 之间的较大颗粒的特效颜料，用于平版工艺时会给这种印刷工艺带来潜在的印刷适性问题，而胶印工艺使用的印刷油墨中的颜料实际上都小于 1μm。油墨中大的颜料颗粒产生的印刷问题称为堆墨，这是油墨过量累积在墨辊和橡皮布上造成的。使用能够有效释放油墨的橡皮布并通过系统的调节，特别是水墨平衡的调节，就可以防止堆墨问题进一步发展。

金属叠印效果

即使在 CMYK 套色油墨上叠印一层金属银墨的概念也不新鲜，这种方法曾经受到现已停产的 MetalFX 系统的高度关注和推广。MetalFX 系统的总的想法是做到既简单又有效。由于网目调油墨的透明度可以使基底的银墨膜从四色网点套印区域透过不同数量的光泽，以及产生不同的色彩相互组合的效果，因而可以有成千上万种金属色泽。例如，某些色调的黄色和青色的网目调色块值可以重现孔雀羽毛绿色的光泽，而且 CD 盘折射出的金属效果可以通过金属银墨与 CMYK 四色网目调油墨叠印而产生（图 4－7）。

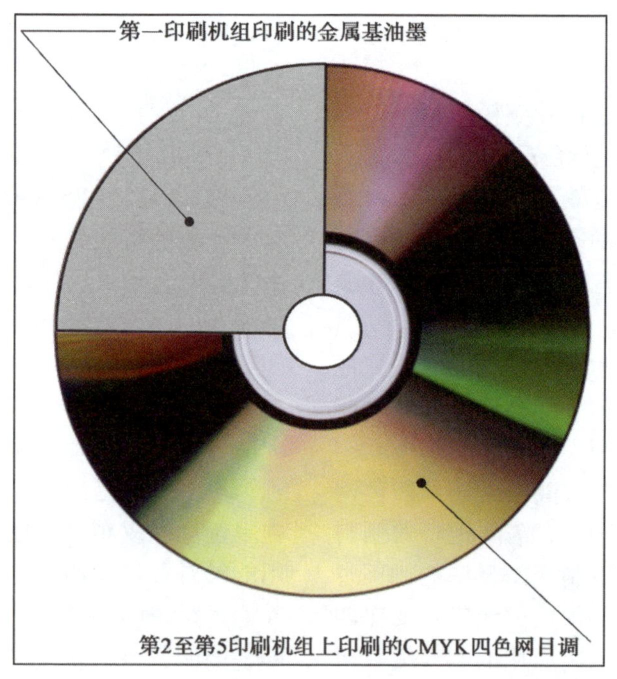

图 4－7　五色印刷机上一次走纸用 CMYK 四色油墨叠印在银色金属底墨上形成的金属效果

MetalFX 系统为用户提供过一些附加的特殊效果，例如随着承印材料的来回移动，图像会时隐时现，或者是文字会改变颜色，具有与全息印刷类似的效果。它也有一个设计工具包，包括一个在五色印刷机上印有615种颜色的色谱，以及与常见的图像处理程序兼容的带有插件、动作集和调色板的软件光盘。现已不存在的MetalFX系统当时受印刷企业和制造商之间的许可协议的约束。

尽管存在上述多方面的优点，但是MetalFX系统的关键部分是一个可以以湿压湿的顺序进行叠印的银色金属油墨的配方，从而能够在印刷机上通过一次走纸产生多色的金属效果。

在使用用于平印工艺的传统金属油墨时，这些通常都是不可能做到的，因为这些油墨的固化和干燥相当慢，这可能会导致堆墨，因而造成不必要地把银色金属油墨从第一印刷机组传输到后几个色组的橡皮布、印版和墨辊上的情况。

然而，如果可以让金属油墨先干燥之后再叠印网目套印油墨，与MetalFX系统类似的效果就可以用传统的金属油墨来实现。因此，四色印刷工艺中的金属增强效果的部分，用传统的金属油墨在五色胶印机上印刷时，将需要两次走纸。

有一些印刷工艺，如柔性版印刷，油墨在每个印刷单元之间由UV干燥器即刻干燥。这种类型的印刷系统就能够产生前面所讨论的在印刷机上一次走纸完成的特殊效果。

专色

不同的颜色可以通过四色印刷工艺或通过专色的方法来复制。前者的颜色复制过程使用青色、品红色、黄色和黑色油墨，按照由网目调网点的大小控制的颜色叠印比例来印刷，在单色印刷机上印刷时要走4次纸，在四色印刷机上只要走纸一次（图4－8）。而在专色印刷的方式中，任何颜色都可以在一个印刷机组上按照一次走纸印一种墨的方式来完成，只不过这里印刷的油墨是由不同的彩色油墨混合而成的专色。

由于四色工艺可以只用四种颜色再现成千上万种颜色，它一般用来再现彩色照片、油画，或任何由多种颜色组成的其他原稿。采用专色的方法复制多色的原稿是不切实际的，因为它需要与复制的原稿上出现的那么多种颜色同样多的混

图4－8　四色印刷工艺的顺序逐色叠印样张

合油墨才能印刷。在后面，这种四色复制工艺简称为网目调复制工艺，因为这个概念同样适用于三色和两色的混合。

考虑到一个以四色印刷的方式印刷的棕褐色要重复地互相叠印25%青色、50%的品红色、75%的黄色和10%的黑色平网色调，而不是按重量以相同的比例混合实际油墨形成一种新的专色油墨混合物，专色油墨用一个印刷机组上印一层油墨就可产生同样的颜色（图4－9）。虽然从理论上这个比例的油墨用四色工艺和专色产生的颜色是相同的，但在实践中，要使专色与四色印刷色匹配，必须多少要对油墨的相对数量进行调整，以补偿实际油墨的不纯和不透明度。由不同比例的油墨组成的色谱既有网目调合成的也有专色的，这样就可以分别用两种方法来复制相同的颜色。

网目调复制的方法无疑是复制多色原稿唯一可行的方法，但是当用它来复制一个颜色或是有限种独有的颜色时，如美国国旗的红色和蓝色，就引出了应该使用哪种色彩复制方法进行复制的问题。

根据定义，实践中也已得到公认，专色比与它们相当的网目调颜色更纯，因为从专色上反射出来的光线没有经过像在网目调复制的情况下多达三个网点结构层的过滤。专色在视觉上也更纯净，因为它不同于网目调的复制，它没有受到任何人工模式的“玷污”。

关于印刷生产率，网目调复制一般都会比专色复制效率更高。一个典型的例子是一家经常在 40 英寸幅宽的胶印机上印刷彩色名片的印刷厂，累计印刷 143 个独立客户的名片（Vistaprint，2006 年）。如果 143 种名片都只有两种颜色（黑色和独特的专色），需要制作 143 种专色版加黑色印版，明显超出了印刷技术可能操作的范围之外，而在四色网目调复制工艺中，所有名片都可以通过一次走纸在 4 个印刷机组上印完。

不过，也有一些特殊颜色可以由专色技术更有效地复制这样的情况。这些生产方案一般都会涉及一两个要经过一次或多次印刷的专色，而这里进行精准的色彩复制是首要关注的东西。举一个例子，要在一台 40 英寸幅宽的胶印机上印刷 143 次名片就是前一种情况。然而，这次是名片上要印的 143 名不同员工的个人详细信息是黑色加上一个专色设计的相同的企业标志，如图 4 -9 所示。在这种情况下，使用专色技术就能够通过在一台双色印刷机上一次走纸印刷，获得比四色印刷更好的色彩保真度。

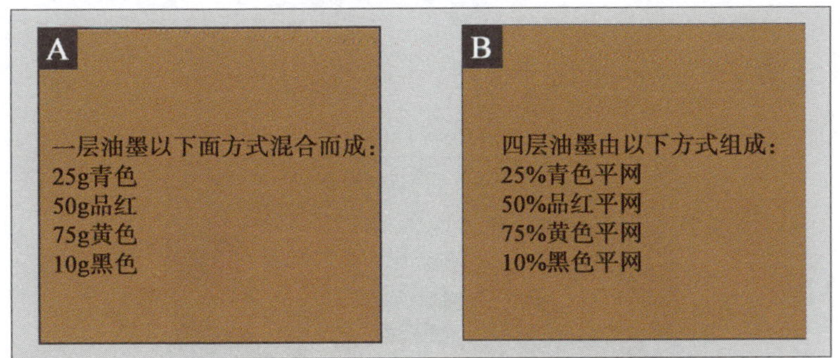

图 4 -9　由混合的专色油墨（A）及用 CMYK 网目调复制油墨（B）复制的一个专色

在丝网印刷厂里，印刷的速度相对较慢的手工或半手工设备往往可以受益于使用专色复制技术。如果丝网印刷厂收入的很大一部分来自印刷美国国旗，那么使用专色的印刷质量会比网目调复制更好，而且可以显著节约生产时间和材料成本。在专色印刷的方法中，旗帜可以用两种颜色（彩通的红色 PMS 193 和蓝色 PMS 282）印刷，而在网目调复制的印刷方法中，需要用 4 种颜色（红色的 CMYK：5.76%、100%、93.74%、0.56% 和蓝色的 CMYK：97.78%、75.7%、1.2%、0.02%）印刷。

很多配色系统，包括 Focoltone、Trumatch、东洋（Toyo）88 Color Finder 和彩通配色系统（Eldred，2001），可以用在有专色元素的印刷项目的设计和复制中。

这些配色系统的总体思路是帮助设计师和印刷生产人员对专色进行选择、识别、生成和质量控制。

鉴于彩通配色系统是在欧洲和北美最常用的颜色匹配系统，对其组成部分和基本原则的讨论将比其他现有的配色系统更具代表性。

彩通配色系统的基础是被称为《配色指南》（*Formula Guide*）的色样，其中在涂布纸、非涂布纸以及亚光涂布纸上印有 1114 种专色（彩通有限责任公司，2009 年）。

在色样中列出的这 1114 种专色中只有 60% 能够用电子显示技术的 RGB 色彩空间或 CMYK 印刷工艺复制出来。这些颜色在色样中都有特别标志（图 4-10）。

图 4-10　彩通公司的《配色指南》

如果把白色和黑色颜料包括在内，在色样中的颜色是用含有 15 种基础颜料之中的任意颜料的油墨印刷的，每种颜色的混合配方都以相对含量或百分比标出。由于这些油墨是与彩通签有许可协议的油墨公司生产的，印刷企业能够混合出这些油墨，并测试它们使用与彩通色样中相对应的承印材料印刷的结果，再与所需要的色样中的对应颜色对比看看精确程度如何。

印刷的颜色与色样上的颜料的接近程度可以用分光光度计测量或将其并排摆放用视觉进行评估。在并排比较的时候，用户和印刷企业需要将样本和复制出来的颜色在同一个 5000K 的光源下进行比较。

当前专色的流行是印刷机制造厂商的福音，印刷企业一直在不断增加更多的印刷机组。仅在 20 年前，四色印刷机还是多色印刷的标准配置。今天的多色印刷机的销售数量中很大一部分都至少有 5 个印刷机组。现在有一些平版胶印的双面印刷机有 12 个印刷机组。在丝网印刷领域，14 个印刷机组的组合已经面世多年。

高保真彩色印刷

从理论上讲，三色复制工艺就应该可以再现任何色度的颜色，但在实践中，我们知道这是不可能的，因为这个工艺中所用到的油墨和颜料都不能达到理想的状态：完全吸收应该吸收的色光，完全反射应该反射的色光。这是要把黑色添加到油墨组中的原因，否则艺术或照片原稿中的黑色调区域复制后会成为偏褐色的色调。由于这些不愿看到的吸收的结果，使得由四色工艺复制的颜色是不够饱和的，不足以真实再现原稿中的色彩。

为了扩大一般印刷工艺能够复制的色域，色彩科学家和印刷耗材及辅料供应商不断地进行研究，寻找替代的色彩再现模式。在 1972 年，德国的色彩科学家哈罗德·库柏（Harold Kueppers）提出了一种色彩再现系统，由非彩色基本色白色和黑色，以及色彩的基本色黄色、品红色、青蓝色、紫蓝色、绿色、橙红色所组成（Kueppers，1972 年）。库柏提出的色彩复制空间是一个倒置的六角形金字塔，在顶点上是彩色，而基轴上是非彩色的白色，从金字塔的边缘汇聚到金字塔的顶点，顶点是非彩色黑色（图4－11）。

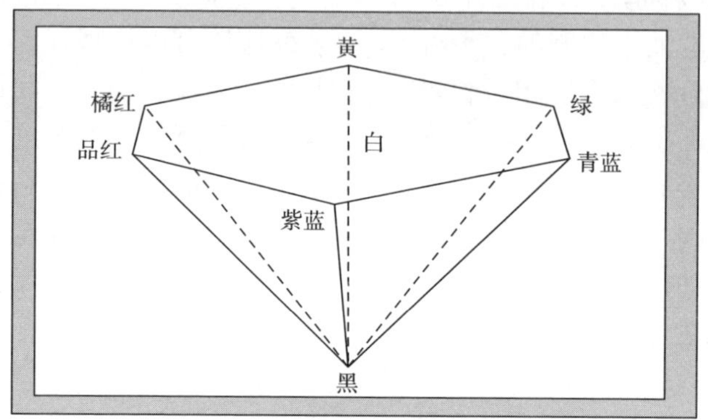

图4－11　库柏的色彩再现空间

由互补色印刷第五种颜色强调四色复制工艺的某些关键区域是一个很久前就这么做的做法，但是有组织的系统，其中一些是基于库柏的研究，是在20世纪90年代初才第一次推出的。

有些曾在市面上出售的系统，后来被称为高保真或HiFi印刷，可能无法再在市面上得到。这里的讨论只是为了说明在改进四色工艺方面所做的努力。这些系统中有一些通过增加两个、三个或四个其他的颜色实现了扩大四色印刷工艺能复制的色域的目标。另一些系统的开发是为了产生可行的分色和打样系统。

早期有个基于库柏的色彩复制空间的高保真系统称为Opaltone。这种系统可以被描述为使用CMYK＋RGB油墨系列，这就是说，除了标准的网目调复制的油墨外，还印刷红色、绿色和蓝色油墨，以扩大四色套版印刷复制的色域。

一种可归类为通用的MaxCMY色彩复制工艺的高保真彩色系统的特点可以表述为CMYK＋CMYK工艺，因为它需要有两次CMYK印刷运行以提高可复制色彩的范围。与此同时，杜邦公司的HyperColor软件可以生成两套CMYK TIFF图像的输出（Morgenstern，1994年）。

一家有名的贺卡印刷厂已经开发了自己的高保真油墨。与之相连的是柯达公司的高保真颜色曲线分析软件，40 多年来一直由这一软件驱动它的系统（Hutcheson，1999 年）。

目前，彩通开发的高保真六色叠印软件可能是最广泛使用于高保真印刷工艺。它的特点是 CMYK + OG 印刷系统，其中将橙色（O）和绿色（G）添加到 CMYK 油墨组里面。该系统独特的部分是，其中一些根据与彩通达成的协议生产的油墨是荧光油墨。这个六色油墨组包括 3 个标准的颜料油墨：青色、绿色和黑色，3 个荧光油墨：黄色、橙色、品红（Costa，2004 年）。

高保真六色叠印软件所扩大的色域的程度可以根据制造商的提法来说明：有 90% 的彩通专色可以用这个复制工艺来复制，相比之下，CMYK 工艺只能复制其中的 60%（如图 4 - 12所示）（彩通，2009 年）。

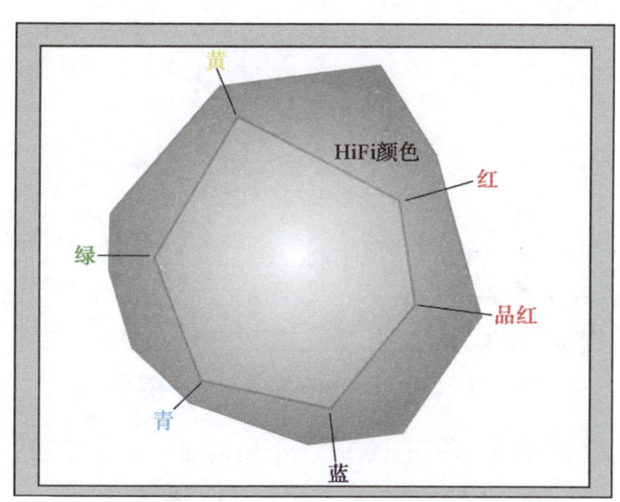

图 4 - 12　CMYK 复制和高保真复制的色域比较

印前打样通常是高保真工作流程最容易出问题的地方，但是采用最新一代宽色域喷墨打印机和高色强度的油墨，接近高保真的色彩就可以在打样中准确地再现出来。

在高保真的印刷运行中的准确而一致的再现可以用分光

光度计得到最好的测量和控制，因为以密度计为基础的系统并不是按 CMYK 以外的颜色测量而设计的。

荧光油墨

由荧光油墨产生的炫目的色光光源是油墨中荧光物质的表现，这些荧光物质以与普通颜料明显不同的方式对光产生反应。普通颜料有选择性地吸收能量（入射光），并反射出未吸收的能量，这部分能量让人眼有颜色的感知，而荧光物质吸收能量并以光谱中一个狭窄的波长波段反射出来，这个波段总是比其在激发阶段接受到的辐射波长要长一些（图 4－13）。

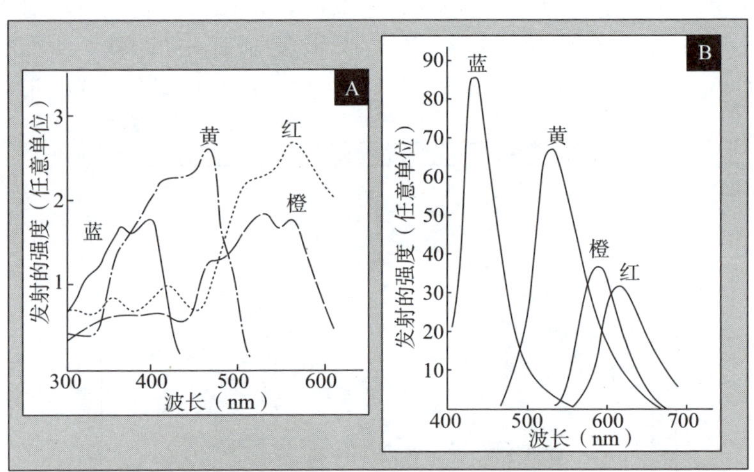

图 4－13　不同的荧光颜料产生的激励（A）和发射（B）的光谱

荧光的活性剂基本上属于红到紫色的色调范围内的罗丹明家族的染料和黄色色调范围里的萘酰亚胺衍生物（佳士得，2001 年）。有一些是普通的荧光颜料，但印刷油墨一般所使用的类型包含了封装在一个压成细粉的透明合成树脂载体中的荧光染料（Yen 等，2007 年）。

最近在颜料加工方面的进展已经制造出许多种高颜料浓度的颜色，这对于平版胶印工艺是很重要的，它可以使颜料的粒径达到 0.5μm 以下，但荧光颜料缺乏耐光性仍然是个问题，正期待能有个解决方案。目前，如果产品所使用的荧光油墨暴露在直射的阳光下，在较短的时间内就会退色。

欧洲的一家大型油墨制造商列出了 7 种荧光油墨的颜色，其传统油墨和紫外线固化的平版胶印油墨包括蓝色、绿色、黄色、橙色、两种红色和紫色。然而，他们也特别提醒这些油墨并不具有与普通胶印油墨相同的性质。

尽管前面提到在减小颜料颗粒尺寸方面有所进展，荧光颜料颗粒仍然大于普通胶印油墨的颜料。这可能会导致从印版到橡皮布的输墨问题。由于荧光颜料所具有的透明性，通常需要两次印刷或通过印刷机两次走纸才能获得最大限度的荧光效果，其第二遍走纸最好是湿压干的印刷次序。它所必需的厚墨膜必然会导致网目调分辨率下降，使线条稿的图像细节有所损失。

荧光油墨不耐酒精或硝基清漆，也不耐碱，这就是为什么最好不要用弥散上光或 UV 上光的原因，也不要用荧光油墨叠盖印刷的表面。

UV 油墨的使用最好是在第二遍走纸时进行，并采用无水胶印系统。包覆高密度的三元乙丙橡胶（乙烯、丙烯以及非共轭二烯烃的三元共聚物，EPDM）的墨辊在接触这些 UV 油墨后会膨胀，缩短其正常寿命。通过 UV 干燥后，颜色也可能会发生偏色（Huber 集团，2001 年）。

荧光颜料可用于所有的印刷工艺，但由于丝网印刷本身能够印刷厚墨膜的原因，这种工艺获得的荧光效果更好。

使用荧光油墨的原因之一是抵消在非涂布纸上印刷时色彩饱和度的正常损失。另一个更能激励创造性的理由可能是对梵高的很多向日葵画的其中一幅的复制。如果在四色印刷油墨组中再加上黄色荧光油墨，或许用带有黄色荧光触摸版印刷，向日葵就能像梵高自己想要做的那样“跳出页面”，一个特别的原因是因为荧光效应在暖色（如红色和黄色）中会更加明显。

磷光油墨

荧光油墨和磷光油墨都能

产生发光的效果，但其中产生发光效果的物理机制是各不相同的。与荧光物质不同，含磷的物质在它们从光源吸收到光线后不会马上再辐射出来。而是，它们吸收和储存能量，慢慢地重新以辐射能量的形式发射出在黑暗中能感知到的光线。发光效果或余辉的时间，是含磷的物质暴露在光线下的时间长短的函数，每次在光线下暴露 10～30min 就可以持续发光 12h。

大部分磷光颜料是由微晶无机颜料组成的，其内核中掺杂了外来的原子（Yen 等，2007 年）。这些材料的颗粒尺寸从 5～20μm 不等，非常粗糙，无法磨成更细的且不损失磷光的尺寸（Fischer，1950 年）。把磷光和荧光颜料的混合物在相同的油墨中混合，也是一种尝试，根据每种颜料类型的相对比例，这有可能产生一些非常独特而有趣的视觉效果。

鉴于平版胶印油墨的颗粒大小范围为 0.1～2μm，磷光油墨不能用于平版胶印。磷光油墨主要用在丝网印刷和柔性版印刷工艺中。

磷光颜料的粗糙程度和耐磨性也是丝网印刷关注的指标。建议在丝网的印刷面使用模版乳剂和圆边的硬质刮板。此外，必须要经常搅拌油墨，以使颜料得到良好的弥散。要想达到预期的效果，适用的丝网网目范围在 43～120 线/厘米之间，对于一些透明的磷光油墨，也可以使用更细的 150 线/厘米的丝网网目。应采用聚酯丝网而不是非柔软性的钢丝网，聚酯的较高的柔性可以更好地承受磷光颜料的摩擦。而且，金属磨损后可能会污染油墨，改变颜色的色调。

新的磷光油墨能形成足够光滑的墨膜，以便于用丝网印刷工艺或平版胶印叠印透明的油墨。磷光油墨在日光下发出米黄到绿色调的特点也不再是一种必然性，因为新的油墨可以制成纯白色的色调。随着许多物理和色纯度的限制被取消，磷光油墨在化学方面的优点给设计人员赋予了创意的灵活性，从而组成各种有趣的配色方案。考虑到在图 3－19 中的灯泡的海报设计，以磷光油墨为基础，采用不透明的黑色和透明的网目调油墨叠印的色彩来再现图像区域，海报的信息就可以在白天和黑夜里都显示出来。

磷光油墨常见的应用是标牌和其他可以在黑暗中需要高度可见的标记，包括道路标志、安全标志、汽车零部件、仪表板、一些玩具和新奇物品等。尽管磷光名称有些吓人，磷光油墨并不含有毒性和放射性的添加剂。

热变色油墨

2001 年 1 月号的《Wired》杂志的封面采用热变色油墨印刷，在体温作用下油墨的颜色从绿色变成黄色，标题是这样写的“摸我的全身吧”。

这种带来动态变化的物质属于一类称为“隐色染料”的染料。这些染料通过微胶囊化的工艺包上防护壁涂料，在暴露于逐渐升高的温度中时可以带来不同的光学状态。当温度冷却后它们返回到其原有的光学状态。具体来说，隐色染料通过配制能在一定的活化温度下复制一种颜色，而在高于活化温度时，颜色变透明或变浅（图 4－14）。

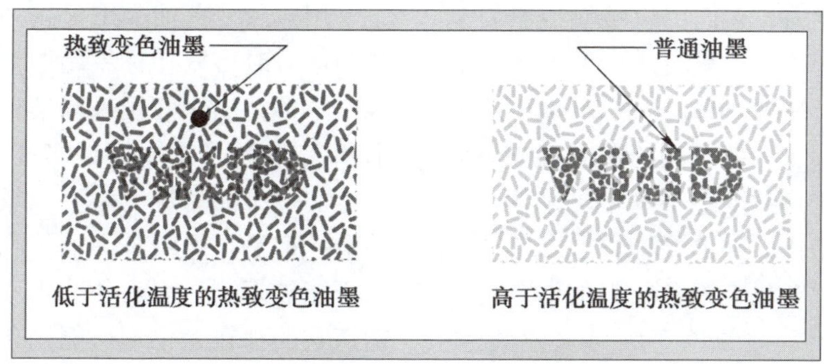

图 4－14　热致变色油墨在加热前（左）和加热后（右）的示意图

根据不同的应用场合，活化温度必须有所不同。图 4－15 所示杂志的封面需要的活化温度相当于（36.8 ±0.7）℃的正常体温，因为颜色的变化是通过触摸而带来的，但是有印刷图像的纸咖啡杯需要一个高得多的活化温度，使热咖啡倒入杯中时图像的颜色才会发生变化。

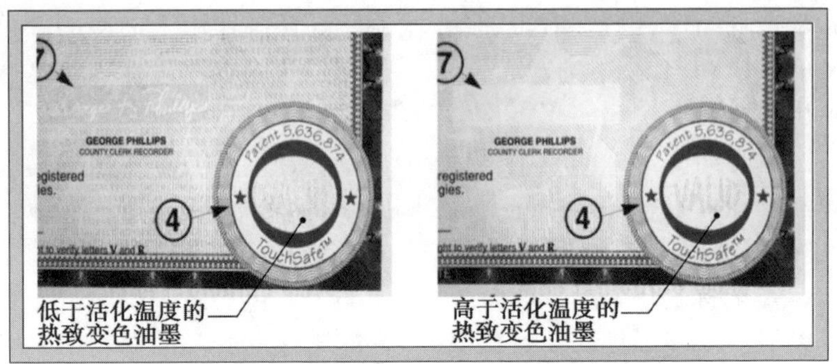

图 4－15　实际的热致变色油墨在加热前的情况（左）和加热后的情况（右）

油墨制造商通常会制造有两三个标准活化温度的热致变色油墨，但是他们也接受定制的特定的活化温度的油墨。隐色染料要求有 3℃ 变化的活化能力，它们可以被制成具有从－25～70℃ 的活化温度范围的产品（Johansson，2004 年）。

一些不同的印刷工艺可以在热致变色油墨中带来颜色的变化。在油墨配方中既有普通颜料也有隐色染料的油墨可以从一种颜色变成另一种颜色。例如，如果图像（如《Wired》杂志的封面）印刷的油墨可由普通的黄色颜料和蓝色的隐色染料制成，印刷的图像在室温下呈绿色，并会在人触摸图像时变黄。另一种方法是在网目调复制印刷的图像上加上热致变色油墨覆盖层。一旦升高到活化温度，热致变色油墨层变为透明的，使它下面的网目调印刷的彩色图像显露出来。

用热致变色油墨来显露一个图像有时可以让标签制造商或安全标记制作商用来验证证书和其他正式文件的真实性。虽然文件中的可见元素可以被伪造，但是，隐藏其中的信息却不能被复制，因为伪造者不知道它的存在，也不可能用传统的油墨或墨粉再现其热致变色的属性。图 4－14 左图所示的标记物由粗圆点图案组成，拼写单词为“*VALID*”（有效），这是用热致变色油墨叠印在普通油墨印刷的图案之上的，用于掩盖。一旦通过对它进行触摸、摩擦或对着上面呼气，从而对标记物施加热量，热致变色油墨的图案消失，单词“*VALID*”（有效）就看得见了，如图 4 - 14 右图所示。片刻之后，标记物返回其原始状态。

热致变色油墨适用于所有印刷工艺，但其对热会产生动态反应，可能会因为正在运行的印刷机所产生的正常热量而引发生产中的问题。这可能会导致在印刷过程中图像消失，印刷机操作人员就不能够监控热致变色油墨部分的印刷质量。为了解决这个问题，可以在印刷机的附近安装空调（NAPL，2008 年 4 月）。

高压灭菌油墨多少与热致变色油墨有关。高压灭菌器是一种通过高压和沸点以上的温度对物体进行消毒的装置。

有些公司在高压灭菌袋上印上标记，其不仅能承受高温和高压的考验，而且在达到正常的消毒温度时改变其颜色。高压灭菌油墨可制造成适应胶印、凸版印刷和柔性版印刷的类别。

导电油墨层与热致变色油墨相结合可用于一次性电池的测试仪器。由于电流通过导电油墨层的电阻而产生热量，这反过来又导致热致变色油墨层产生动态的颜色变化。由于在楔形的油墨层的较宽的一侧需要更高的电流才能使油墨层的颜色产生变化，因而颜色发生变化的相对位置就表示出电池的充电状态。

磁性油墨

磁性油墨最重要的应用是在支票或其他财务文件的特定位置上印刷属于 E-13B 或 CMC-7 字体的符号和特殊字符。这里被称为 MICR（磁性油墨字符识别）透明带区域（图 4 - 16）。支票底部这一行符号和数字的目的是由具备磁性油墨字符识别系统的阅读分拣机自动进行支票结算的。

⑆1234567890⑆ ⑈1234567890⑈ ⑇1234567890⑇ ⑉1234567890⑉

图 4 - 16 E-13B 字体

在用ANSI（美国国家标准学会）注册的技术报告中，支票的技术要求已经按照像纸张、磁性油墨字符识别，或者光学和图像要求等核心标准进行分类。应用标准涵盖了如磁性油墨的印制和位置，或TIFF图像的格式等方面（认证成立的标准委员会X9，2007年批准）。

光学字符识别（OCR）是另一种自动化结算财务文件的方法，但是OCR并不需要特殊的油墨，其错误率比磁性油墨字符识别要大。虽然磁性油墨字符识别支票在拿取、盖章、签名和普通脏污的情况下不得不面临损毁的风险，但由于错误率低，是它能够一直保持应用的主要原因。

在用于凸版印刷和平版胶印工艺的磁性浆状油墨中，氧化铁颜料制出的油墨墨丝比较短，在印刷机的墨斗辊上有“避而远之”的趋势，因此需要经常加以搅拌。印刷机操作人员应该抵制用添加剂延长油墨墨丝的诱惑，因为这会阻碍油墨被磁化的能力。

磁性油墨可以用于所有胶印和凸版印刷系统（Eldred，2001年），并可能会在其他使用磁性读取设备进行校验的领域得到应用，例如用凸版在一些银行票据上印刷序列号。

立体印刷

由立体观测法来产生视觉深度的错觉可以由许多不同的方法来建立，不过，到达每只眼睛的图像略有不同的表现，是支持所有这些方法产生立体感的基本原理。在这些技术中，大多数还需要某种观看的用具，如立体眼镜、头戴式显示器、液晶快门眼镜、偏光眼镜、干涉技术的眼镜或补色滤镜眼镜等。后一种方法通过左眼用红滤色片而右眼用青滤色片的滤光眼镜来观看立体照片的图像。由于这些眼镜的成本低，可以用纸板和塑料过滤箔制成，立体照片图像是印刷类三维图像中成本相对较低的方法。

立体照片图像与其他特殊效果的印刷技术不同，它完全不用任何的特殊油墨或承印物，而是用一种非标准的分色技术来生成，这里的两个图像中，每一个图像的某些颜色通道都被忽略，随后再合并成一个平铺的图像。

在图4－17中所示的立体眼镜有一个与印刷业相关的轶事。2001年，加拿大发行量最大的报纸《多伦多星报》通过其周刊《StarWeek》杂志向读者派发这种眼镜。这种眼镜是用于观看报纸中的一些立体图像的广告和文章内容的。虽然从那时以来，那份报纸就不再有立体图像的印刷，报纸的管理层试验新的科技概念的愿望确实没有损害报纸的发行量。在8年之后，《多伦多星报》仍然是加拿大发行量最大的报纸。2010年6月号的《花花公子》杂志印有两个折出的立体图像，包括一个卡纸的页面，上面用模切的轮廓切出构成立体眼镜所需要的组件。

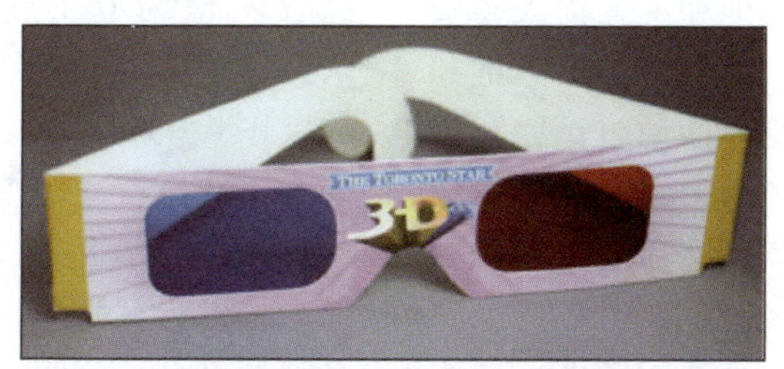

图4－17　观看立体图像的互补色滤色片眼镜

立体影像的深度感觉是由左、右眼睛接收的图像略有不同和明显不同的颜色信息而产生的。这两个图像在水平方向有偏移。眼镜的红色滤色片将红色的图像内容传送给左眼，青色滤色片把蓝色和绿色的图像内容传送给右眼。

即使被过滤的光线源自两个不同的来源，红色和青色滤色片传送的蓝色、绿色和红色的组合效果从理论上讲可提供重现彩色图像足够的颜色信息，因为人类视觉系统会将两个滤色片传送来的光线合并成一个整体的图像。然而在实践中，有些颜色（尤其是红色的色调）色彩保真度会有一定的损失。

产生立体图像的摄影设置和分色程序

①用数码相机拍摄一个场景，然后水平移动相机第二次拍摄同一场景（图4－18A和图4－18B）。

②在图像编辑软件的RGB

色彩模式中，删除右边图像的红色分量，然后去掉左边图像的绿色和蓝色的组成部分。

③合并两个图像。Photoshop CS4 程序操作的详细步骤（使用两个图像）：一是在 Photoshop 中打开两个图像；二是选择 RGB 色彩模式（图像 > 模式 > RGB 颜色）。

④为了补偿通过立体眼镜观看图像时饱和度的损失，要增加两个图像的饱和度。饱和度的增加量只能通过试验和误差来调整，因为它取决于图像的主色（图像 > 调整 > 色相 > 饱和度）。

⑤选择合适的图像，并去除红色成分（图像 > 调整 > 色阶 > 通道）。

⑥从“通道”的下拉菜单中选择 R，然后把第二输出色阶改成 0（点击 OK 确认）。右边的图像现在是青色的（图 4 – 18C）。

⑦选择左边的图像，去除绿色和蓝色成分（图像 > 调整 > 色阶 > 通道）。

⑧从“通道”下拉菜单中选择 G，然后把第二个输出色阶调整为 0。

⑨从“通道”下拉菜单中选择 B，然后把第二个输出色阶调整为 0（点击 OK 确认）。现在左边的图像是红色的（图 4 – 18D）。

⑩选择右边的图像，并将其复制到剪贴板上（选择 > 全部；编辑 > 复制）。

⑪创建一个更大的窗口，使之可以放得下立体图像周围的空间（文件 > 新建）。使宽度和高度尺寸新增 200 个像素。

⑫在新窗口中心放置右边的图像（粘贴）。

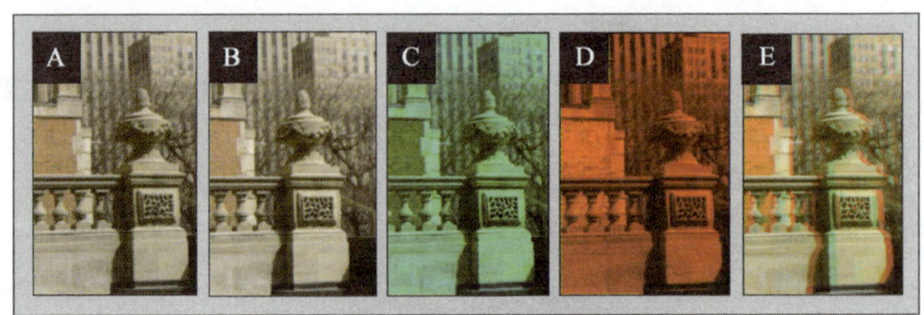

图 4 – 18　立体图像的分色步骤

⑬选择左边的图像，并将其复制到剪贴板上（选择 > 全部；编辑 > 复制）。

⑭将左边的图像参考它们的边缘与右边图像完全套准（粘贴）。

⑮转变顶层与底层互相作用的方式（单击图层调色板的顶层）。从下拉菜单中选择"Screen"。红色的层和青色的层以不套准的方式出现。

⑯用立体眼镜观看图像的三维效果（图4－18E）。

⑰对未套准的位置进行调整，但不要完全消除未套准的部分，这样可把鬼影降至最低，并将深度增至最大。

⑱如果有必要，可以对图像进行剪裁，以便消除左边或右边边缘的偏色现象。

⑲以一个新的名称保存立体图像（文件 > 另存为）。

当红色的图像在青色图像的右边时，有人称为负视差。与此相反的是正视差。如果红色和青色的图像完全套准，就存在零视差的条件。负视差图像会使图像或部分图像悬浮在图像平面上方的空间中（图4－19A）。正视差会使图像渗透到图片平面背后的深度中（图4－19B），在零视差条件下，图像平铺在图片的平面上。

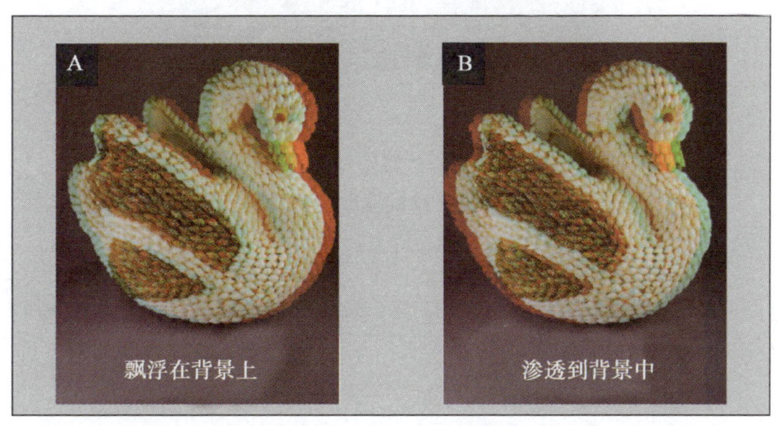

图4－19　负视差（A）和正视差（B）的立体图像

二维图像转换成立体图像

对原稿图像或原稿的准确复制稿采用上述的程序步骤，把一单个图像转换成立体图像也是可能的（图4－20）。随意选一个图像作为右侧图像，另一个作为左边的图像。这样会产生一个简单的相对于图片平面的立体效果，但不能产生相对于图像本身元素的立体效果。

图4－20　本来的二维图像（A）和简单的二维转成三维的立体图像（B）

要在图像的本身（图4－21A）产生多层深度的图像成分，就要在Photoshop中创建一个深度图，以确定相对的深度水平（图4－21B），并且把Photoshop的移置滤镜功能用来使左边和右边的图像偏移。

Photoshop CS4程序将二维图像转化为三维图像的步骤

①选择一个二维图像。

②将这个图像新重命名为“left”，并打开它（文件 > 打开）。

③创建一个新图层（图

图4－21 用深度图（A）和深度蒙版（B）将多深度层次的二维图片转成三维立体图像

层 > 新建 > 图层）。

④在新图层仍然处于选中状态时，用渐变工具创建一个渐变填充。如果最近的图像元素位于图像的底部，最远的图像元素位于图像的顶部，则创建一个底部为白色、顶部为黑色的渐变填充。

⑤在“图层”面板上，移动“不透明度”滑块，使下方的图像变得可见。

⑥在“工具”面板上，分别设置前景为黑色，背景为白色。

⑦用吸管工具对给定的图像区域取样并描摹，并用画笔工具填充。这将创建不同程度的灰度图像区域，如同近的图像区域和远的图像区域位于不同的逐级变化填充的灰梯度之下，从而产生较近的图像区域比较远的图像区域更亮的效果。

⑧将图像深度图层以文件名“depth map（深度图）”保存为另外的文件（文件 > 另存为）。

⑨打开名为“left”的文

件，通过 Displace（移置）功能生成第一幅有立体视差的图像（滤镜 > 扭曲 > 移置）。

⑩这时出现“移置”菜单。将水平刻度设置为正值。水平刻度值越大，立体视差会越大。例如，海鸥图像的水平刻度设置为 5。垂直刻度总是设置为 0。如果还没有选择“拉伸至撑满”和“重复边缘像素”的单选按钮，现在进行选择。

⑪点击“OK”按钮，选择先前创建的名为“depth map”的深度图，并将其打开。

⑫名为“left”的图像现在具有了所需要的立体视差。保存两个图像的第一个，并将其命名为“right”（右）（文件 > 另存为）。

⑬打开名为“left”的文件，通过 Displace（移置）功能生成第二幅有立体视差的图像（滤镜 > 扭曲 > 移置）。

⑭这时出现“移置（Displace）”菜单。把已经按“right”（右）作为文件名存储的文件进行水平刻度设置，与前面所设置的数值相同，但赋予负值。垂直刻度总是设置为 0。如果还没有选择“拉伸至撑满”和“重复边缘像素”的单选按钮，现在进行选择。

⑮点击“OK”按钮，选择先前创建的名为“depth map”的深度图，并将其打开。

⑯保存两个图像文件中的第二个——“文件” > “保存”［仍然以“left”（左）的名称保存］。

从这里开始再逐步应用上述的 Photoshop CS4 的操作步骤（用两个图像）。

幻像

幻像指的是从一个制高点去观察物体对象的貌似逼真的三维错觉（图 4－22）。在三维图像仍然用立体视差方法来实现的同时，幻像的摄影设置必须遵循规则，左和右图像必须在立体视差方法被应用之前就开始编辑。被拍照的对象必须放在一个长方形的基板，如一块纸板上。从物体的上方以大约 45°的角度连续拍摄两次，按照这样的方式，整个基板都可以在框中看到。

由于在相机瞄准对象的角度上，该基板的矩形轮廓会有透视失真，必须用图像编辑软件进行纠正。在 Photoshop 中

图 4－22 幻像

选择：滤镜 > 扭曲 > 镜头校正，将“垂直视角”滑块移动到梯形的摆放物体的基板使其再次成为矩形为止。

从这里开始，以前面描述的步骤将立体视差方法应用到两个图像上。此外，在图 4－21B 中的红色图层和青色图层以相反的方向旋转 3°，以便在食品罐的顶部形成负视差，在底部形成零视差。

拍摄三维效果的照片的提示

有纵深感的图像应该在前景有一个鲜明的图像元素，在离此一段距离外有一个或多个鲜明的图像元素。这样的例子包括前景有灯柱，远一段距离有建筑物，或是在前景有建筑物，远处有山脉。所有元素都必须是静态的。有运动元素的立体视差只能由有双镜头的设置来产生。选择接近中性的白色或浅灰色色调的物体作为前景，例如混凝土建筑的细节或大理石雕像等。

观看立体视差图

黑暗的房间是在监视器上观看立体电影图像的最佳地点，而光线充足的房间是观看印刷的立体视差图像的最佳地点。随着观看人员渐渐习惯于非自然的观看条件，立体效果变得更加强烈。印刷的立体视差图像必须在水平的表面，如一张桌子的台面上放置，观察人员站在与幻像中心直接对齐的位置，同时保持一个手臂长度的观看距离（观察幻像的距离太近会减轻立体的效果）。

这时观看的人员直接向下观看幻像图。在监视器上，与显示器倾斜近似45°的角度观看幻像图效果最好。

印刷立体视差图

在四个机组组成的印刷机上，立体视差可以通过一次走纸，采用正常的四色网目调图像来印刷。以前就曾印过仅包含有立体视差图像的书（Chronicle Books，2008年），同时，在电影行业，这一趋势始于20世纪90年代初的3D动画电影《玩具总动员》。从那时候起，动画立体电影似乎要经历一个3D版本发行的文艺复兴，如《侏罗纪公园》、《冰河世纪3》、《极地特快》、《恐龙》，当然，还有轰动的《阿凡达》，这是有史以来制作的最昂贵的电影。3D动画死灰复燃的主要原因是3D动画软件程序的可用性，可以创建出栩栩如生的人物和动作。对印刷业的挑战还在于充分利用技术进步，从而大大地促进诸如立体印刷这样的特殊效果的生成。整整一代已经习惯于非常高的图形图像标准的年轻人，不会降低他们的欣赏"胃口"。

彩虹印刷

传统的印刷机或数码印刷设备指的是有一个、两个、四个、八个等印刷机组的设备，事实上，多色印刷都是在有多个印刷机组的印刷机上印刷的，而每个印刷机组只印刷一种特定的颜色，因而通过用透明的油墨层按顺序印刷实地或网点的图像来形成组合的色彩。

彩虹印刷是一种能够在一个印刷机组上印刷一个以上颜色的技术，只是印刷过程中使用的油墨要具有膏状的黏度。这个附加的条件就把凹版印刷和柔性版印刷排除在彩虹印刷之外了，因为这些印刷工艺中都使用液体油墨。从本质上讲，彩虹印刷是一种物理过程，两种不同颜色的油墨在压力的作用下相互叠在一起，从而产生新的颜色。因此，柔性版印刷和凹版印刷油墨中使用的液体油墨不适合彩虹印刷，因为两种液体油墨相遇会使它们完全与对方溶解在一起。数字印刷工艺也无法得到真正的彩虹印刷效果，因为它们复制的是离散的图像元素，而彩虹印刷工艺中创建的是连续的颜色。

这就使得只有凸版印刷、平版胶印和丝网印刷工艺才能形成真正的彩虹印刷效果，因为这些工艺都使用膏状黏度的油墨。所谓“真正的”彩虹印刷在这里只是故意这么说，因为彩虹效果也可以根据四色印刷工艺过程，通过任何印刷系统中用来复制的图形编辑或矢量图形编辑器程序产生，尽管后者确实没有“真”的彩虹印刷的效果逼真。

在凸版印刷和胶印工艺中，油墨是从一个长槽中传输出来的，长槽中有一个钢质辊间歇或连续地旋转。其中有一个大小可调节的间隙，用于控制钢辊上的墨膜厚度。这种机械部件称为墨斗和墨斗辊（图4－23），墨斗辊的旋转靠着一根橡胶的传墨辊，它与一系列由硬塑料和软质橡胶辊交替排列的墨辊相连，然后把油墨转移到印版上。

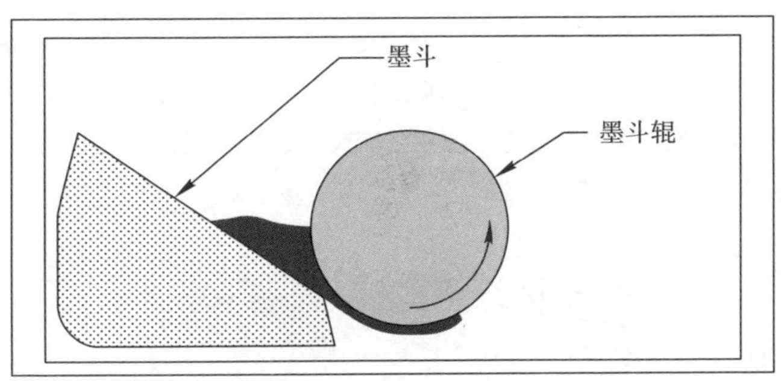

图4－23　平版印刷和凸版印刷的墨斗和墨斗辊

除了辊子的圆周旋转，一些辊子也进行少量的横向运动。这组运动部件有时甚至超过十根辊，通常称为墨路，其目的是把油墨从墨斗传递到印版上，并通过辊子接触区产生的摩擦对油墨进行搅拌，以便使油墨具有适合的黏度，再传递到承印材料上（图4－24）。

对于彩虹印刷，墨斗里灌满几种不同颜色的油墨，用挡板分开。在墨斗里油墨保持隔开状态。但在墨路中，油墨会铺展开来，与相邻的油墨融合在一起。例如，相邻的黄色和品红色的油墨会产生橙色，而青色和品红色油墨相邻就会在相邻交汇的地方产生紫色(图4－25)。

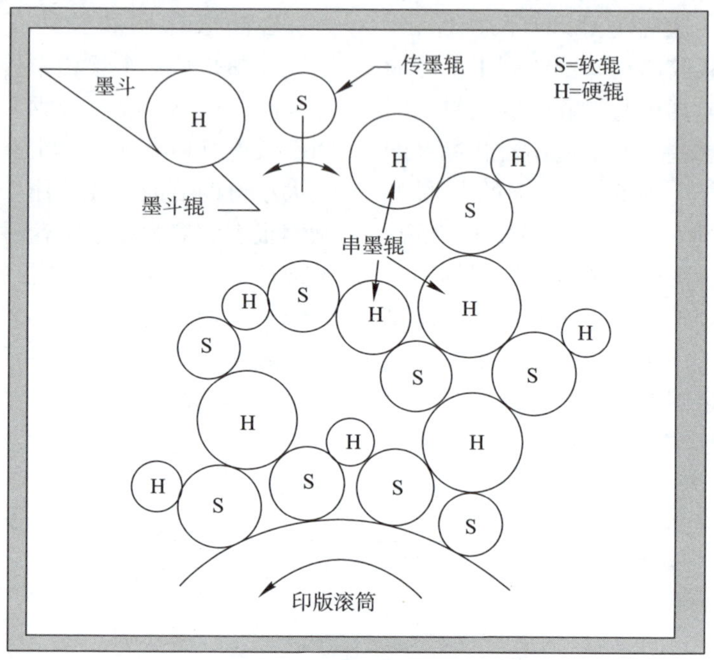

图4－24　平版胶印的输墨系统

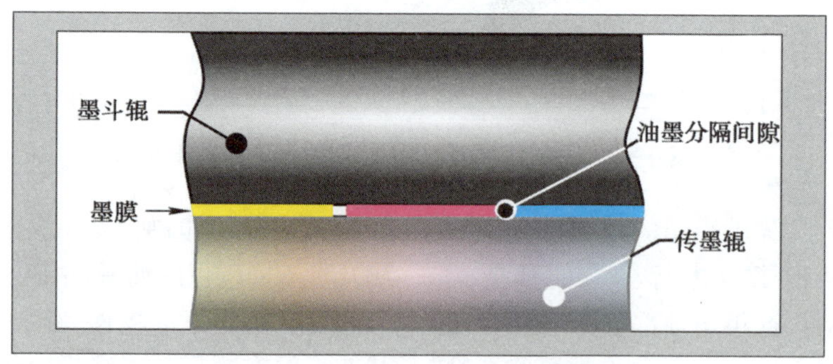

图4－25　油墨从墨斗向墨斗辊转移

尽管彩虹印刷技术的真正的连续彩色光谱产生了一个直观而有趣的效果（图4－26），但它不能在一个较长的时间段完全可控，因为不同颜色的油墨继续铺展开来，相互交融，就会达到颜色之间色调差异减弱，在视觉上缺乏吸引力的程度。因此，对于较大的印数，有必要清洗墨辊，定期用新的油墨重新上墨。一项减少必要的清洗的有效措施是将墨辊的侧向串动调整到最低的限度。

图4-26 用青色、品红色和红色油墨印刷出来的彩虹印刷图像（模拟）

除了一些墨斗分隔器，迄今为止所讨论的工艺都可以在任何单色凸版印刷机或胶印机上进行，不需要特殊的油墨或组件。一些专门从事彩虹印刷的印刷企业在墨路中的一些软的匀墨辊上雕刻出一些通道，以防止相邻的油墨在横向走得太远，融入到相邻的墨色中。

从理论上讲，用丝网印刷工艺印刷的彩虹效果与平版胶印的方式相同，只是把不同颜色的油墨放在丝网上时没有分隔器，否则会干扰刮板把油墨转移到承印材料上。没有分隔器会导致相当数量的油墨浪费，因为一旦相邻的油墨相互之间的掺混太多，油墨就不能用了。在丝网印刷工艺中有可能同时处理多种颜色的油墨，但是要保持不同颜色的油墨不掺混并不是很简单的操作。

彩虹效果有时会印在货币、护照和其他正式文件上作为背景图案。这是在专门为进行这种效果印刷而设计的印刷机上进行的。颜色的混合在这些印刷机上得到更好的控制，因为对于每对相邻的油墨都配备有两个墨斗。

有采用多达三个这样的输墨装置紧紧围绕一个大的橡皮滚筒排列，它们在存页印刷方式下转移成对的颜色。在承印材料的反面采用相同的机械组件进行印刷，这是在采用橡皮滚筒对滚（B-B 型）的结构情况下印刷成像的（Kipphan，2001 年）。在这种类型的机器上产生的彩虹图案的一致性是非常难于重复复制出来的。

植绒

这是一种通过在黏性表面撒颗粒而赋予图像装饰性特点的技术，早在中世纪就已经采用了，现在仍然是一种重要的工业装饰工艺，应用于范围广泛的产品上，包括成衣、汽车手套柜、车顶棚装饰、地板、铁路景观模型，或者是放在诸如玻璃、金属、塑料、纸张和纸板材料上的玩具等。

在印刷中，当设计的产品是具有凸起的天鹅绒般的图像的触感时，就可以使用植绒工艺。植绒工艺的使用在装饰贺卡和一些书籍封面上时是很流行的，但是也不排除将植绒工艺用在其他类型的印刷产品上的可能性。

植绒的基本概念与擦金是相似的，但在植绒中所使用的不是擦金工艺中使用的金属粉末，而是长度从 0.25 ~ 5mm 不等的染色的天然纤维或人工合成的纤维。为了使植绒材料能够附着在承印材料上，要涂布比较厚的黏合剂层（图 4 - 27）。唯一能用来为植绒工艺

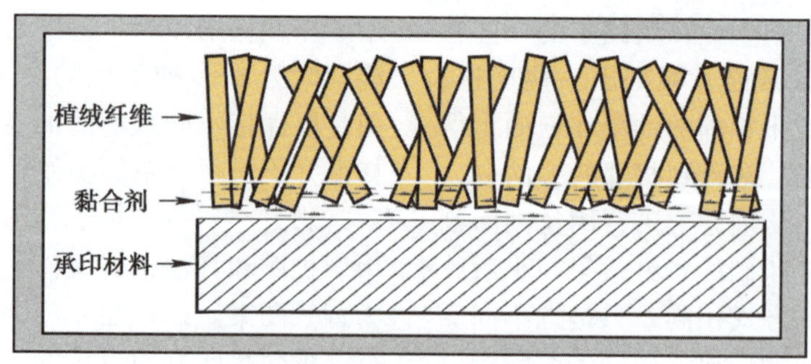

图 4 -27 绒毛覆盖的承印材料

印刷足够厚的黏合剂层的印刷工艺是丝网印刷。

除了要采用较粗的网目数，以及考虑艺术复制对精细线条的限制要求外，印刷植绒黏合剂本质上与印刷普通的丝网印刷油墨没有什么不同。

植绒工艺中使用的黏合剂与丝网印刷油墨有类似的一致性，但还是必须注意模版或薄膜材料与化学黏合剂是否兼容。重要的是，虽然黏合剂层要厚，但黏合剂不能在承印材料中渗透得太深，以致反面都能看得见。

植绒材料可用振动或静电的方法撒布。用振动的方法时，植绒材料是从料斗输入到黏合剂仍带有黏性的承印材料上的。承印材料在振动的皮带上传送，会将纤维压向黏合剂。多余的植绒材料随后通过吸风取出（图 4－28A）。振动植绒方法产生的植绒的表面不规则，因为各个纤维以不同的深度渗透在黏合剂中。

在静电植绒的应用方法中，植绒材料被赋予电荷，然后在静电力的作用下固定在承印材料上（图 4－28B）。静电植绒方法能产生一个非常规整的植绒表面，每根纤维都竖立在承印材料表面上。在一般情况下，植绒材料越细则操作起来越困难，因为它们有一个集簇的趋势。绒毛在静电场的运动是一个广泛研究的科学领域，目标是寻找植绒纤维的运动模型，以提高植绒成品的表面质量（Kim 和 Lewis，1999 年）。

对于小批量的生产，可以使用便携式手持植绒设备。对于更自动化的作业，可以把具有单一加工的植绒机组连接到一台丝网印刷机上。多色植绒最有效的一种加工方式是选择使用一个有旋转皮带的植绒设备。

印刷电子产品的油墨和黏合剂

油墨作为印刷及视觉信息传播的重要组成部分，可以认为是一种能记录人类的思想并为它提供一个传播渠道的一种物质。油墨的一种截然不同的用途是作为电的一种通路。这种相对较新的油墨在印刷电子产品制造中的使用，代表了一个行业的模式的转变，即一个把自己看作是视觉传播产品的

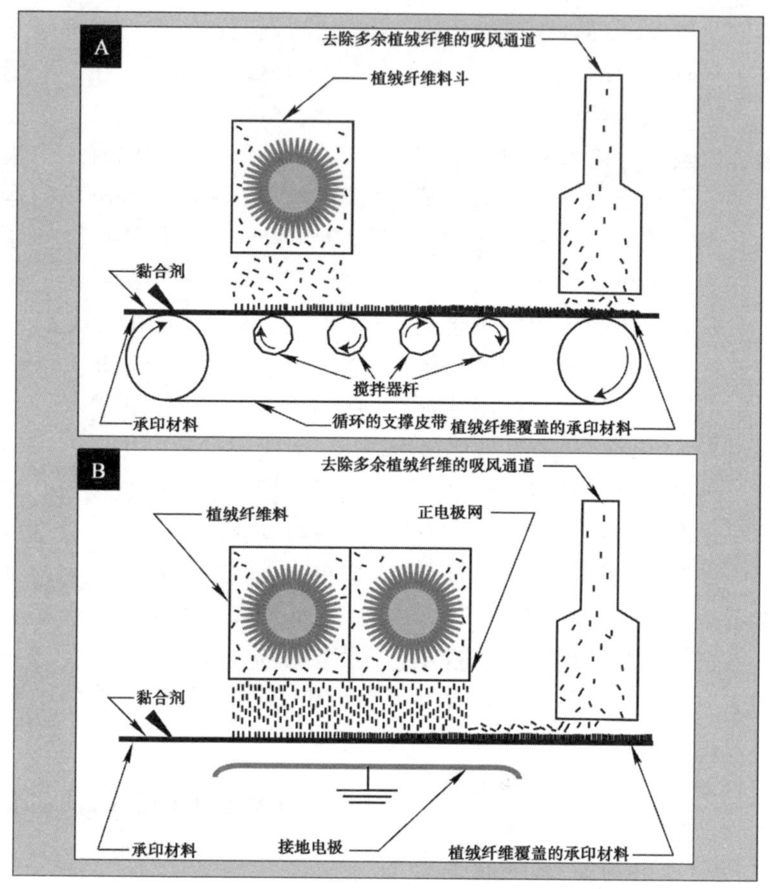

图 4－28　振动植绒（A）和静电植绒（B）

供应商的行业模式的一种转变。这将需要用不同的方法来开展业务，因为电子元件的制造更像是商品制造，而不是从印刷机印刷出来的典型的印件。

由印刷工艺方式产生的电子电路新创出来一个术语称为聚合物厚膜技术（polymer thick film，缩写为 PTF），它有别于传统的蚀刻铜电路，通常被称为印刷电路板（printed circuit board，缩写为 PCB）。虽然 PTF 和 PCB 技术两者都在某些生产阶段采用印刷，它们之间的区别是聚合物厚膜技术印刷的图像成为电子电路的导电元素，而印刷电路板技术印刷出来的图像的一部分具有化学抗蚀的作用，从而使作为电路元件的铜有可能成为电子电路的导电元素。还有其他的方法可以用来制造电子电路，如真空沉积，以极薄的亚微米层的金属形成导电部件，称为薄膜沉积电路。由于聚合物厚膜技术的导电材料是一个厚达25μm的油墨膜，而不是固体电路元件铜或亚微米的金属层，因此采用了聚合物厚膜这个词。

聚合物厚膜技术的巨大吸引力在于其相对简单而直接的制造过程，它与高生产率的印刷机器相结合，具有显著降低电子元件成本的潜力。

在导电油墨中首选的导电填料是99.94%纯银，它不仅是很好的电流导体，而且其氧化物也仍然是导电的（Gilleo，1996年）。同时，聚合物厚膜技术也和这种贵金属的成本有着密切的联系，因为导电油墨会含有重量占60%～80%的银，以及剩余含量的树脂和溶剂。例如，当银价在2008年初上涨至每盎司接近20美元时，银导电油墨的发展经历了挫折（Savastano，2009年）。为了减少银导电油墨的成本，有时也加入碳，但是根据特定应用场合所需的电导率，印刷企业最终的成本可能会增加，因为油墨的电导率的下降必须要以增大体积作为补偿。

印刷油墨可以用于多种不同的承印材料和应用场合，而导电和非导电油墨的电气性能和工艺参数必须满足特定的最终用途的要求。例如，在银导电油墨中添加0.5%～12.5%的碳会引起不必要的电子现象，称为开关反弹。同样，每个印刷电子元件用的油墨，包括薄膜开关、可焊性导体、电阻器、压电电阻、电介质和互连件，都必须有自己特定的导电性、导热系数、电阻、绝缘电阻、冶金成分或固化温度要求（图4－29）。

许多用来定义优良印刷图形图像的标准也适用于印刷电子的质量评估。为了使印刷电路达到最佳的性能，图像分辨率、套准、墨膜厚度、墨膜的固化和硬化、耐化学性和附着能力这些性能要求，对印刷电子产品的生产来说也与图像产

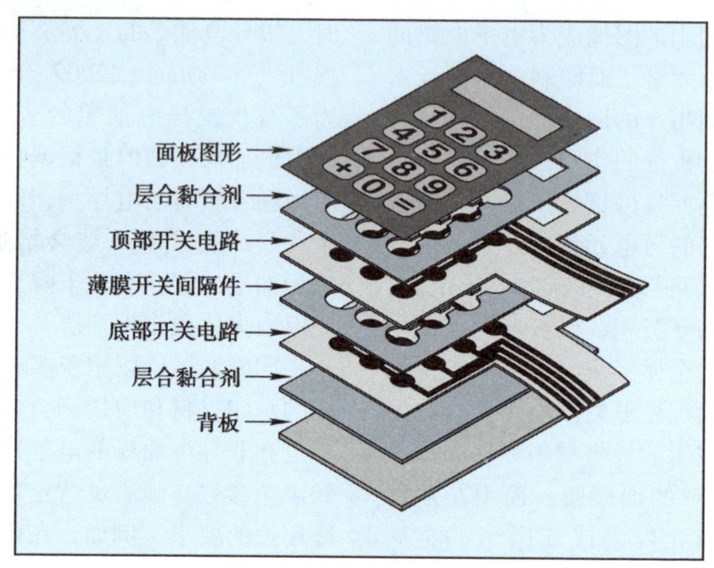

图 4 －29 薄膜触摸开关的原理图

品印刷一样重要。

但是由于导电油墨的最终功能是让电流流过，还必须像对诸如体积电阻率、电感或绝缘电阻等电气性能进行监测。测量导电油墨膜的厚度和截面的最有效的仪器是非接触式的激光扫描仪，价格由 20000 ~ 60000 美元不等，没有这种仪器，则可以使用成本低得多的下降式测微计（Gilleo，1996 年）。

在一项用密度计测量银金属油墨的研究中，人们发现，RGB 滤色镜的密度值几乎与低密度印刷的黑色是一样的，从而导出的结论为，密度计也适合测量和监测这些油墨的墨膜厚度（Breede 和 Sharma，2008 年）。这些结果是否适用于银导电油墨（它与银色金属油墨的颜色非常相似），是不是密度测量能够和导电银油墨的电气性能准确相关还有待确定。

银导电油墨可根据多种印刷工艺的印刷要求来制造，包括平版胶印、柔版印刷、凹版印刷、喷墨印刷、丝网印刷等。然而，各种导体、半导体以及电介质的（印刷）浆料已经在丝网印刷工艺中经过多年使用，这种印刷工艺会继续在电子电路和器件的制造上占主导的地位。

丝网印刷与印刷电子有密切联系的主要原因是它能向基板上转印极厚的墨膜，可以使用比较黏稠的油墨。因为一般导电油墨的体积电阻率要比铜金属高出 15 ~ 50 倍（Gilleo，1996 年），需要有膜层比较厚的导电油墨才能够处理相当于传统铜线路的电流负载。丝网印刷工艺可以转印 12 ~ 25μm 厚的墨膜，在保持可接受分辨率的同时，转印到承印材料上的油墨量是平版胶印油墨的 12 倍。凹印油墨和柔印油墨都具有溶剂含量高和流动性大的特性，由于其相对较低的固体含量及其溶剂的挥发性，限制了这些油墨在生产时能达到的最大的墨膜厚度。然而，如果能在多色组印刷机上以精确的套准叠印同一个图像，其他的印刷工艺也能达到如此厚的油墨膜层。在胶印机上叠印导电银油墨的另一个优势是：在同一图像叠印 3 次时，这种工艺可以把每张印品之间的电气性能变动量减少到原来的八分之一（Ramsey，Harrison 和 Southee，2008 年）。

凹版印刷的一个高度专业化的分支称为移印，很值得在此提及，因为它具有印刷到硬质表面的凹槽中的能力。如果目前不必去顾及它的成本效益的话，移印可用于在塑料外壳和圆顶开关的凹槽上分别印刷导体、电阻以及短路电路图案（Gilleo，1996 年）。

前面提到的电池测试仪就是以印刷能力制造多层面的电子器件的一个很好的例子，这是用热致变色油墨、导电油墨以及普通印刷油墨形成其使用功能的。

电子元件包含有用碳墨印刷形成的楔形电阻，而楔形电阻的两个接触点是用银导电油墨印刷在楔形电阻的两个端点上的，而延伸楔形长度的一个长条以及一个可视界面，则分别用热致变色油墨和普通油墨印刷在膜的反面（图 4 – 30）。

根据欧姆定律，我们知道，导体的尺寸减少时电阻增大，我们也知道，电阻增大会产生更多的热量。由于电阻是楔形的，因此，电量不多的电池提供的电力只够加热楔形墨膜窄的一端，这反过来又导致

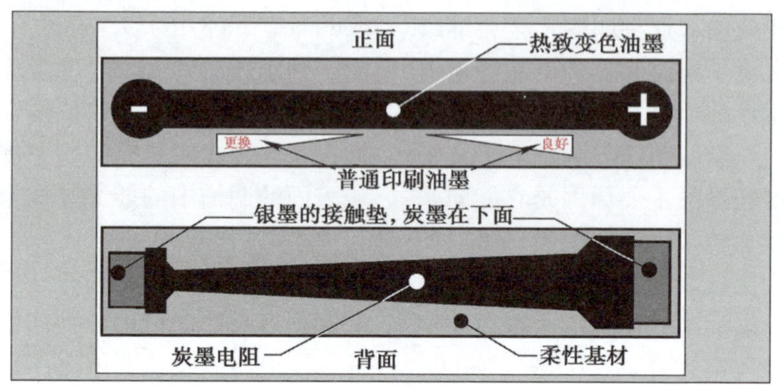

图 4 –30　电池测试仪的两面

热致变色油墨在产生热量的同一位置改变颜色。

这种类型的电池测试仪是为美国一家主要的电池制造商生产的，印量几百万个，很可能是至今为止成本最低的电子仪器（Gilleo，1996 年）。

生产柔性印刷电路的最有效的丝网印刷设备是滚筒丝网印刷机。这可不要与轮转丝网印刷机相混淆，轮转丝网印刷机采用的刮墨刀是在丝网滚筒内部，而滚筒丝网印刷机的丝网是平面的，与旋转的真空滚筒一起移动（图 4 –31）。当承印材料从真空滚筒和丝网之间通过时，刮墨刀将油墨从丝网的网孔挤出。为了达到理想的导电性，纸张或卷筒纸进入干燥装置，油墨在温度大约为 150℃ 时固化（Eldred，2001 年）。在卷到卷的印刷系统中，在这样的机器上的生产速度有可能超过每分钟 4000 英寸，但是考虑到丝网印刷油墨的流变性，最有可能达到的最高生产速度为每分钟 2000 ~ 3000 英寸（Gilleo，1996 年）。

像电池测试仪这样的柔性印刷电路代表电子元件制造的一种新方法。它们的重量更轻，可以折叠或卷起，可以大面积涂布，需要更少的材料，通常制造成本会更低。它们已经在数码相机的电子电路、折叠手机、电脑键盘、光伏电池、元器件之间的电气连接，以及无数其他电子设备中寻找其广泛的应用。

目前，柔性电子显示屏的

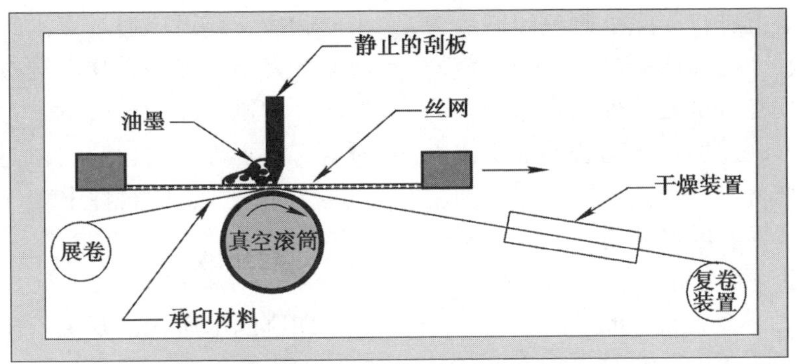

图 4－31　滚筒丝网印刷机

实际应用是有限的，因为其电气性能比传统的电子显示屏差，但是当有关的技术发展进化到更好的功能性产品阶段时，印刷机械已经做好了充分准备，去印刷柔性的电子显示屏。这样的发展可能还会使整个印刷业进入新的时代。具有讽刺意味的是，如果柔性印刷电子显示屏最终可能会在某些类型的组合印刷设备上印刷，印刷将再次为信息传播行业提供服务。不过，这一次将作为向信息传播领域提供电子元器件的一个供应商，而这个信息传播领域目前正在与图文信息传播（印刷）行业相竞争。

各种各样的香味油墨

印刷可以用那些被称作刮刮闻闻、香味油墨或香水油墨的名称来引发嗅觉。这些油墨可以是热固型和单张纸胶印用的上光油，可以是胶印、柔版印刷以及丝网印刷用的水性涂料，也有甲苯和水性的凹印油墨，以及紫外线固化和电子束固化光油等。

香味油墨的活性剂以平均尺寸 6～10μm 的微胶囊制作，其最小尺寸可以制成 1μm 大小。微胶囊是由合成聚合物或明胶制成球体，有一层外膜，内核是产生芳香的化学物质。香味油墨经过一次或多次重复摩擦，微胶囊的膜持续爆裂，释放出香味，其强度取决于被摩擦的香味油墨印刷面积的大小。

香料油墨如果要在多机组的印刷机上与其他颜色联线印刷，通常要在最后一个印刷机组上进行。除了避免印刷压力过大会在印刷的过程中就使微胶囊过早破裂外，香味油墨的印刷适性不会与普通油墨或上光材料有很大不同。这些油墨的透明度足够高，所以不影响此前印刷的图像区域的颜色。

香味油墨也可以在与卷筒纸胶印机和犁铲式折页机联线的上胶机上把香味油墨涂布在两张纸或纸张条带之间。在用户撕开纸时香味就会释放出来。

有一家香味油墨的制造商可以提供75种不同的香味类别，分别属于植物、食品、香料、水果、木材以及其他物质类别。在这家制造商的香味类别中还有一些更具异国情调的、不寻常的气味，包括海风、篝火、煤气警报、马厩和森林的气味。对于那些不在制造商气味库里的气味，也有可能以客户提供的香味油来进行定制胶囊化生产。这种芳香精油应包含很少或不溶于水的材料。它们必须不含有酒精或乳化剂，沸点应高于100℃。还必须提供材料安全数据表（MSDS）。

只要香味印刷品被包含在出版物中，就可以通过美国邮政服务发运。如果香味区域被暴露在印刷产品的外表，邮寄时就必须再加一层包装或密封在一个折翻式的邮封件中。

刮刮油墨

印刷的本质就是要提示信息，但也有某些类型的项目要包含机密信息，这些信息必须要保持隐蔽，直到合法的用户拥有了它，便于私下读取其内容。这样的情况如奖品、游戏卡上的登录代码信息、彩票或电话卡等，在真正的买主拿到之前必须对所有人都保持隐密。

用来掩盖机密信息的油墨，由于显而易见的原因，是非常不透明的，但可以用像硬币这样的物体的边缘简单一刮就可以轻松去除。通常情况下，使用含有高度不透明铝粉的乳胶油墨通过丝网印刷工艺印刷在要隐藏的信息之上。也可以采用柔版印刷、凹版印刷、平版胶印，但这些印刷工艺通常能转印到承印材料上的墨膜比较薄，可能需要重复叠印，才能达到一个满意的不透明度。为了防止被隐藏的信息在刮开的动作中损坏并能够让刮刮油墨很方便被刮掉，一般建议用UV光油涂布在要隐藏信息的表面。刮刮油墨有金、银和铜，以及其他各种色彩类别。

上光

上光的讨论将主要集中在平版印刷工艺的上光上，但一般上光原理也适用于其他的印刷工艺。

以各种油性、溶剂型、水性丙烯酸和UV光油及电子束固化光油材料涂布纸张的主要原因是改善印刷表面的视觉冲击力，提高纸张承受摩擦的能力。

当光油涂布在纸张表面的时候，纸张的多孔结构充满光油材料，使其更显平滑。这是涂布的表面出现光泽的主要贡献因素。光滑的表面以大约和入射光的角度相同的方向反射光，而粗糙的表面以多个角度反射光线（图4－32）。前者的反射称为镜面反射，强度更大，而后者的漫反射较为温和。这也是为什么往往首选平滑的涂布纸而不选更粗糙表面

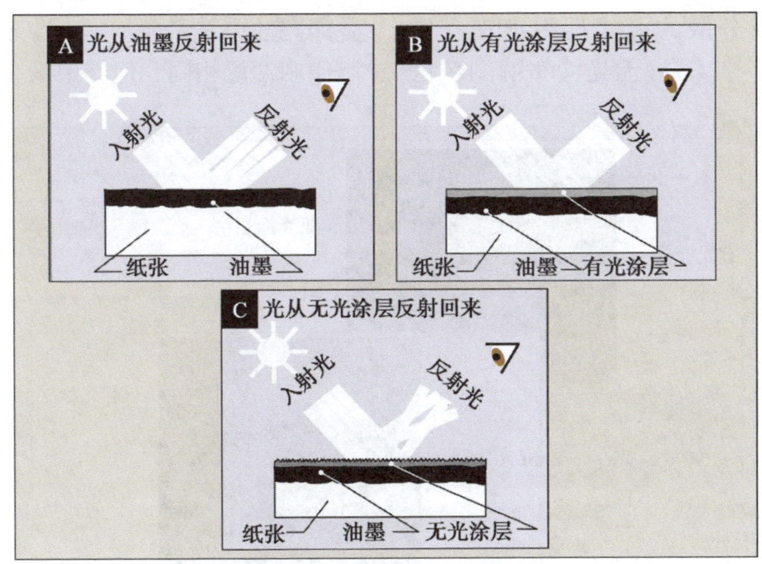

图4－32 光的入射和反射

的非涂布纸进行网目调四色印刷的原因。当光油材料涂布到涂料纸上的印刷图像时，能够进一步增强图像的清新和颜色的生动。此外，纸张的物理强度也在上光后提高了，因为它们起到防止水分、油脂类物质以及防磨损的作用。

有时光泽可能是不想要的，或者它也可以用在与无光的图像区域并列的情况以产生有趣的视觉效果。在这种情况下，可以使用无光或亚光的上光材料。这些上光材料中含有在固化和干燥时会上升到墨膜表面的片状物，造成光以扩散或分散的方式反射出来（图4－32C）。无光涂布的图像区域与光泽涂布的图像区域并列时，即使两者的图像都以相同的颜色印刷，也会产生视觉反差（图4－33）。一种利用从不同的角度观看图像会有不同光泽度的技术，是在有光涂布的多色复制图文上涂上无光涂料的实地涂层。这将只有在一定视角上才能显示无光上光的图像区域（图4－34）。

用无光光油叠印的颜色有天鹅绒般的外观，同时黑色会有一个类似木炭的纹理。

油性上光材料

油性上光材料，也被称为叠印亮油，其组成基本上与平版印刷油墨相同，但其中没有

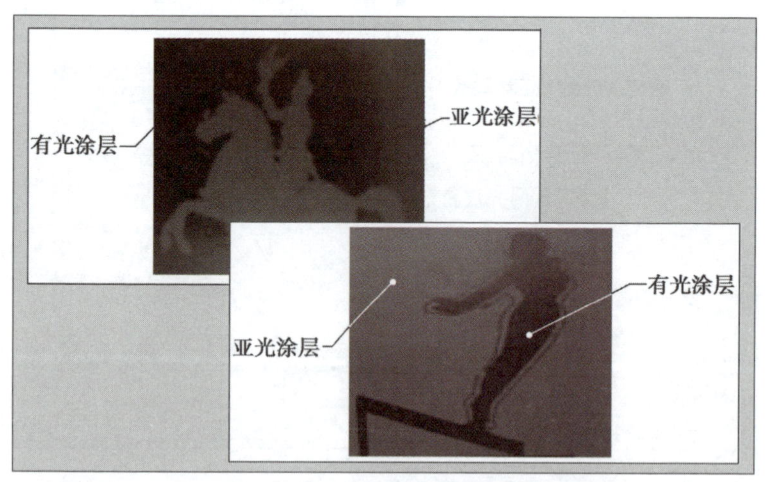

图4－33　单色黑色图像叠印有光和亚光上光材料的光泽差异

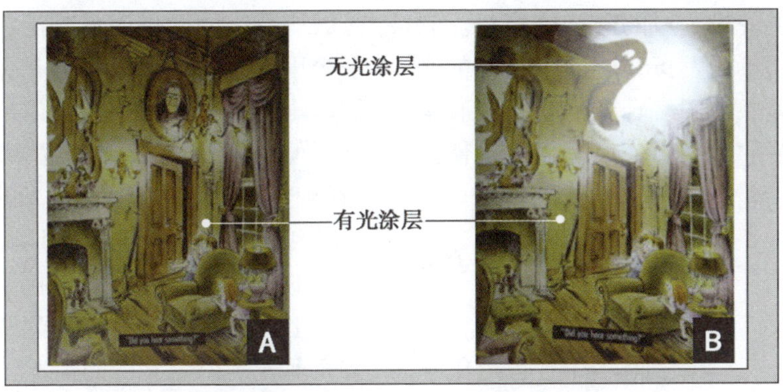

图 4－34 用无光涂层隐藏的图像（A）在改变视角时显示出来（B）

颜料。它们含有亚麻仁油或醇酸树脂，以湿压湿或湿压干的顺序在常规印刷机组上印刷（Eldred，2001 年），并且与含有颜料的印刷油墨一样，需要用防蹭脏的喷粉来减少蹭脏现象。虽然印刷光泽度随着光油膜层厚度增加而增加，由于相对较薄的光油膜可以叠加上多层亮光油，这样叠印的亮光油只能产生柔和的光泽。亮光油中的亚麻仁油能提供良好的防潮保护，但也往往会引起印刷品在过一段时间后泛黄的现象（美国印刷技术基金会，1993 年）。由含有选定的醇酸树脂制成的亮光油不会发黄，但是产生的光泽和硬度较低。因为它具有无毒性，人们常常愿意用它作食品包装亮光油使用（SD 华伦公司，1987 年）。叠印亮油的干燥速度慢，一般需要用架板收纸，特别是防蹭脏喷粉需尽量少用。

水性丙烯酸涂层材料

水性丙烯酸涂层材料是由大约 40% 的固体和 60% 的水组成的，但它们也可能含有像酒精那样的助溶剂（美国印刷技术基金会，1993 年）。与油性树脂的亮光油不同，这些光油不能用常规的印刷机组进行印刷。它们必须在润版装置改装后进行涂布，或者由一个专门的上光单元进行联线涂布。水性丙烯酸光油材料由高流速的热空气（HVHA）或红外线（IR）干燥装置加速挥发，干燥速度非常快。这些光油材料需要极少量的防蹭脏喷粉。它们不会发黄，能产生良好的光泽。它们有轻微的气味，有良好的耐磨性，但是耐化学性能较差。

紫外线（UV）和电子束（EB）固化光油

UV 光油的固化是光化学反应。UV 光油材料暴露在紫外线能量下会激活光油材料中的光引发剂。这样的特性使得在几秒钟内，在没有发生任何挥发的情况下使光油固化，并使光油以 100% 的固体固化留存在它的表面上。UV 光油材料能产生最高的光泽。它们不会发黄，不需要防蹭脏喷粉。它们的耐磨性非常高，耐化学性也很强，但它们并非完全没有气味。

电子束固化光油与 UV 固化光油非常相似，但它们不需要光引发剂。正因为这些光油没有光引发剂，加上这样一个非常完整的固化过程，能够阻止光油微粒的迁移，这正是食品包装所需要的。

有两种上光方法，泛涂上光和局部上光，可以把光油材料分别涂布到印张的整个图像区域或特定的图像区域。泛涂上光用于上光的主要目的是保护印刷品免受磨损，或给予所有图像区域同等的视觉强调。局部上光被用在使印张上光的区域和不上光的区域产生明显反差的情况，或者是要使接受不同上光材料，如无光上光和有光上光的图像并列的情况。

综合考虑图像设计、上光材料以及加工成本等因素，需要有不同的技术解决方案。

叠印亮油的黏度与有颜料的油墨的黏度非常相似，因此必须在多色胶印机的最后一个印刷机组上以湿压湿的印刷顺序进行印刷。要获得更好的光泽，就需要进行第二次走纸，采用湿压干的方式印刷。对于泛涂上光，印刷的光油完全覆盖图像区域，或是用以前使用过的印版将光油材料通过橡皮布在润版装置断开的情况下转印到承印材料上。对于局部上光，选定的图像区域以通常使用的平版胶印方式印刷。由于叠印亮油可以使用传统的平版胶印机一起涂布，采用这种上光方法成本低，不需要进一步对上光附件或上光机组投资。此外，对于局部上光来说，需要一个图像的载体，而平版胶印印版的材料和加工费用都低于任何其他印刷工艺。

所有其他上光材料都必须通过平版胶印机的润版系统，或通过上光机组来涂布。对于一些润版系统，印刷机制造商在设计时已经按照润版/上光机组双重功能来设计，可以用几乎忽略不计的时间从润版功能转换成上光操作。而其他一些第三方的润版系统，如 Epic 或达格伦润版系统，完成这一转换可能需要 15 ~ 30min。只有水辊采用无纤维材质时才适合用于上光机组转换。一旦润版系统已被转换为上光系统，印刷机组就不再具有印刷功能，这就是说，四色印刷工艺联线上光需要有 5 个印刷机组。由于润版装置将光油材料通过印版和橡皮布转印到承印材料上，因此把印版裁得略小于印张的幅面是个很好的做法，它可以避免上光材料在橡皮布上的累积。润版装置上光的主要限制因素在于它只能用于泛涂上光。

最通用的、技术上最完善的在多色印刷机上联线涂布光油材料的方法是使用上光装置，并位于最后一个印刷机组和收纸装置之间。最先进的上光单元基本上是按具有网纹辊供墨系统的柔性版印刷机组设计的。网纹辊上墨能保证上光膜在印品横向的均匀性，易于调节所转印的上光油的数量。此外，柔性版印刷机组的结构既适合泛涂上光，也适合采用感光树脂凸版的局部上光。

由于透明薄膜覆膜层被认为能够产生最高的光泽度，并可为物理磨损提供最好的屏障，因而也为上光质量树立了标准。接近覆膜质量的上光方法，是以成本相对较低的水性配方先涂布一个密封的底层，然后再在上光装置上进行 UV 涂布。

有光涂布的图像区域包含硬蜡，会使其产生滑的触感，但是这么一个人们希望的特质却使这些有光涂布的区域不适合在以后进行更多叠印。在使用防蹭脏喷粉的情况下，过多的喷粉会在涂布区域产生带沙砾的感觉，并显著降低光泽。虽然上光材料的转移量更大会产生更高的光泽度，特别是在过量使用叠印亮油时，会导致油雾飞溅或者是光油微粒在空气中弥散。

5

承 印 材 料

对印刷媒体的一个质量限定，也是与电子媒体相区别的一点，在于它依赖于表现和传播信息的基材。这可以是一个缺点，因为印刷对材料的依赖，顾名思义，其成本比通过电线或电波发送电子信息的成本要高；它也可以是一个优点，因为只有物质的材料（如纸张和墨水）才能传达触觉、嗅觉和视觉上的感觉。其他有利于印刷媒体的因素是植根于人性深处的对个人物品的占有欲，这种由一个制作精良的物理实体，如一本书，所能得到的欲望的满足感是虚拟的电子体验永远不能完全实现的。

这里使用的通用术语“基材”（substrate，本文译为承印材料）是有意而为之，因为印刷图像可以在任何自然的、制造的或经过其他方式加工形成的材料上出现。印刷图像还可以在水果、烘焙食品、蛋壳、皮肤、纺织品、金属、木材、塑料上见到，当然，还包括无处不在的纸张。

造纸基础知识

迄今为止最常见的用于印刷的材料是纸张和纸板。它们基本上都是由绿色植物的细胞壁或纤维制成的，这些都是生物学家所认为的地球上最丰富的物质。这些有机性的本源使纸张具有生物可降解性，再加上其回收相对容易，因而也成为纸制品对环境造成的影响远远低于许多其他材料的原因。此外，只要造纸的原材料的收获丰盛，同时废纸的回收利用得到相应的执行，造纸的原材料的供应就可以得到合理的良好保证。

印刷用纸可以按照各种各样的重量、尺寸、纹理、颜色和类别进行选择，从而不仅为图文内容印刷提供一个最佳的物理结构同时提供最好的承载表面。

对赋予上述纸张的功能的原材料和纸张基本制作工艺的了解，将使得能够在做出合理纸张选择的时候具有必要的理解。

硬木和软木物种是纸张所含纤维的最重要来源。软木纤维的平均长度为3mm，明显比硬木纤维要长，硬木纤维的平均长度只有1mm。在所有其他因素都相同的情况下，长纤维制成的纸张比含有短纤维的纸张强度更高。

许多其他植物物种或植物副产品可以用来提取造纸用的纤维，包括针茅（北非的一种野草）、竹子、蔗渣（甘蔗加工的残余物）、马尼拉麻、黄麻、红麻（原产于印度的农业作物）、亚麻丝束、棉短绒、含有棉花和亚麻纤维的工业纺织废料。尤其值得一提的是棉花纤维能够产生高强度和精细纹理的纸张，可用于印制货币、品牌文具或书写纸等印刷品（Wilson，1998年）。

在机器造纸中，纤维本身的排列方向会与机器运行的方向对齐。因此，有两个可以辨识出来的纸张方向。在长丝绺方向，大部分纤维与纸张的长度方向平行。在短丝绺方向，大部分的纤维平行排列，与纸张的短边平行。

纤维素部分约占50%，其他成分有：30%的木质素，16%的半纤维素，4%的树脂及其他脂肪酸材料。对于高质量印刷用纸的生产，其目的是消除木材中除木质纤维素成分以外的其他成分，主要利用化学制浆工艺，称为漂白。因此，纸浆的颜色也从它自然的棕色转变为不同色调的白色。

另一个制浆工艺叫机械制浆，它保留大部分的木材的成分。由此产生的纸浆成本更低，但是机械制浆工艺所产生的纸张质量比化学制浆工艺制成的纸张差。由机械制浆工艺制成的纸张不像化学制浆那么白，强度也没有化学制浆制成的纸张高，因为保留的木质素使颜色偏黄，随着时间推移往往会使纸张变差。此外，机械制浆工艺利用摩擦分离木材的成分，会损害纤维壁，使其强度下降。

造纸纸浆的最终材料组成是在备料的过程中完成的，这时要加入非纤维的填料，如黏土或氧化钛。在这个阶段还要添加内部施胶用的使用碱分解的松香，以便阻碍印刷油墨和水的过度渗透。还要加入制作不同颜色的纸所要的染料。

制浆的最后一个阶段是打浆。在打浆工序中，木质纤维以机械方式帚化，以提高其在不借助任何黏合剂的情况下固有的相互附着的能力，因为在抄纸工艺中要将水从纸带中排出去。

抄纸工艺开始的时候，纸浆中以重量计纸浆纤维占0.5%，水占99.5%。纸浆被传送到循环往复运动的金属筛网。从本质上讲，抄纸是一个依靠重力的作用，通过真空吸力、压力、热和挥发，使水从纸浆浆液中排出的工艺，直到纤维以固有能力形成永久性的黏结能力时为止。在金属筛网上，纤维也像原木木材顺着河流向下游流动一样，在机器运行的方向上排列起来。由于纸浆浆液的水分从筛网的网目中流失，并且从筛网下方有真空抽吸，因而形成了一个湿垫，并最终将成为一个非常干燥的纸带。这个湿的纤维垫，要接收上方的压胶辊施加的压力。如果压胶辊装有一个雕刻的浮雕版，纤维会受排挤而移动到雕版上图像区域，这会使纸张与浮雕版接触的地方半透明度更好。这就是所谓的水印，除了复制造纸过程本身，水印是不可能通过任何其他手段伪造的。大多数货币和许多官方文件（如护照）都有水印标记物，以防止假冒。给纸张加纹理的模式也很类似，只不过用的是金属筛网的纹样而不是水印浮雕版。当压胶辊压到湿纸垫上时并不明显让纤维移位，如同编织一样的纹理都是在造纸工艺的这个位置形成的。

在湿且重的纸张材料离开筛网之前，也称为抄纸机的湿端，纸垫接触有小孔的辊子，称为伏辊。在这里通过真空吸收作用再除去一些水分，把水的含量降低到80%～85%。从这个位置起，纸垫足够稳定，可以离开筛网的支撑表面，被转移到压榨部分，这时，纸垫与循环的毡毯相接触，以除去水分。因此派生出毛布面这个术语，这是相对于在抄纸机的湿端与筛网相接触的网面而言的。在压榨部分还有吸水和平整滚筒，当通过这一部分时，纸张一边前行一边形成本身的实体。通常用于书刊印刷的具有仿古式整饰的多孔纸张，要比密实的纸张承受的湿压榨程度更低一些。离开压榨部分进入干燥阶段，这时的水分含量范围仍然在60%～70%，在这一阶段通过一系列加热干燥罐，促使纸张水分蒸发，使水分减少到最终含量为2%～8%（Wilson，1998年）。位于干燥阶段的还有施胶机，在这里纸张接受表面施胶剂，如树脂、胶或淀粉，以提高纸张的印刷适性，消除纸毛和磨损性。

造纸过程中的最后阶段是在造纸机的干端进行的。在这里，纸张穿过一个层叠式铸钢滚筒的塔机，称为轧光辊组，以使纸张表面光滑，并消除纸带的厚度差异。通过更多的铸钢滚筒的接触加压，纸张表面要更密实一些。

经过轧光辊组轧光之后，纸张在全幅宽的恒定张力的卷筒纸复卷机上卷成纸卷。依照造纸机的宽度，纸带宽度可以达到10m宽。由于所有印刷机都不能印刷这种大尺寸的纸张，纸卷要进行分切，并复卷成常规卷筒纸印刷机的宽度。对于单张纸印刷来说，纸张要裁成单张纸的常用标准尺寸，其丝绺方向两种都有（图5－1）。

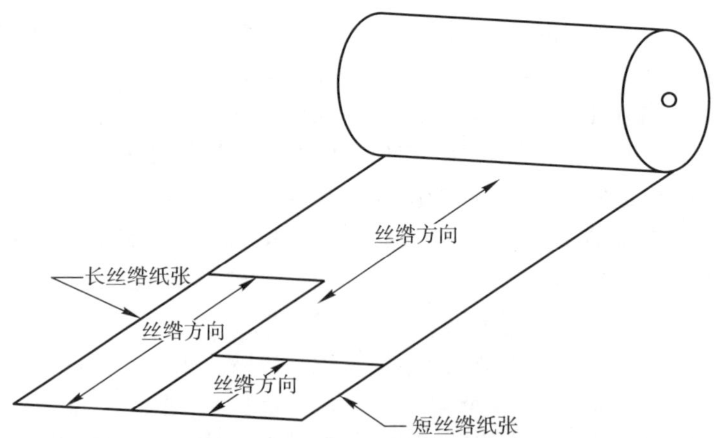

图5－1　从纸卷上裁切成单张纸时不同的标准尺寸和丝绺方向

抄纸机是最大、生产效率最高的机械生产系统之一。这些数十亿美元的机械庞然大物可以占到一个街区的长度，或者说150m的长度，当今速度最快的造纸机可以以相当于一辆汽车120km/h行驶的速度来生产纸张。

如上所述这样的机器生产的纸张，属于非涂布纸的类别。也就是说，除了施胶材料，纸张表面还没有覆盖任何其他的材料。为了改善印刷适性、白度和不透明度，可以在造纸时联线给纸张涂布如碳酸钙或二氧化钛这样的填料，也可以在一台单独的离线涂布机上涂布。特级的纸张每面通常会进行两次甚至三次涂布，一般会在离线涂布机上涂布。大多数涂布方法适用于在纸张的一面或两面进行涂布，涂布的方式可以是刮刀、气刀或辊子，但是铸涂的方法比较特殊，因为它能把仍然潮湿的涂层材料与加热的高度抛光的铬滚筒相接触，赋予纸张表面很高的光泽度。这种附加的处理会比其他的涂层方法产生较高的光泽度。

纸张重量和丝绺方向

在美国，标识纸张重量规格的系统，称为基重，它规定的是按照不同纸张类别分类，基于不同纸张单位面积给出的纸张重量，如果没有进一步的计算就无法进行标称纸张重量的比较。在世界上几乎所有地方都使用的系统称为每平方米克重，它使用的是1平方米面积的张纸的重量，而与纸张的分类无关（Breede，2006年）。尽管按照纸张克重计量法，不同种类的纸张可以进行绝对纸张重量的比较，然而其他质量的推断仍然受到不同纸张分类之间的材料和工艺上的差异的影响。

考虑到这一点，可以说在同类型纸张范围里，纸张越重则厚度也越厚，强度更强，挺度更好，更不透明，纸张价格更高。根据特定的场合，优先安排的顺序，或从成本角度考虑，会做出更重一些或更轻一些的纸张选择。例如，1000页的书可以用更轻的因此也更薄的纸张印刷，以产生单卷本的书，这里具有成本和人性化考虑的双重优势，因为一本书与两本或多本书籍相比，不仅拿取比较方便，从材料和制造成本方面来说肯定要更经济一些。

此外，较薄的页面在书本打开的时候比较厚的纸张更容易摊平。使用较薄的纸张的缺点是不透明度可能不够，这可能导致透印或从纸张的反面可以看到另一面印刷的图像。这就是不同类型的纸张所起的不同的作用，因为每一类别的纸张就是为服务于不同的目的而配制的。1000 页的大部头书可以用称为圣经纸的特级书刊纸或胶印纸类别的纸张印刷，这种纸包含大约 25% 的棉、麻或亚麻纤维，是与化学木浆组合起来制作的。圣经纸因为在这个基重级别（25 ~ 59g/m^2）和厚度的纸张中具有很高的强度和不透明度，主要用于圣经、祈祷书、歌谱、参考书籍、词典或任何其他的大部分出版物。在轻量纸上印刷的另一个好处是减少邮寄的费用。

正如使用轻而薄的纸张的理由是限制一本书的厚度，也有需要较重、较厚的纸张给一本页数有限的书本赋予一定体积的情况。这就需要高松厚的仿古整饰书刊纸，这种纸张在造纸时很少受到湿压或根本没有进行湿压和轧光。一些年龄段在 0 ~ 5 岁的儿童图画书少于 10 页，有的甚至只有 3 页。这些儿童早期教育的书籍通常是在厚达 1/16 英寸的卡片上印刷的，不仅要增加书的厚度，而且也要考虑到幼儿缺乏灵巧性的方面。顺便说一句，这种体裁的书籍以及贺卡等，是最有创意的和需要精致技术印刷的产品。除了在这些页面中提到的附加值功能，儿童读物还可以嵌入小饰物和互动式音频设备，正因为如此，这些产品也是发挥印刷创意和技术可能性的极佳范例。

纸张可以占到印刷项目总成本的三分之一，有时在数百万印复制的书籍、报纸、杂志的印刷中，纸张成本还明显要超过这个数值。减少所用书刊用纸的基重可以显著节省大量的成本。这里可以通过一个假设的例子来加以说明。假设印刷数量是一百万册书，并按照从某家纸张制造商那里拿到的价格表来计算成本。如果每本书的重量为 0.5 磅，那么 100 万册图书当使用 65 磅的纸张印刷时就要消耗将近 500000

磅的纸张，成本为54万美元。如果使用45磅的纸张印刷相同数量的书本，只要消耗230769磅纸张，总价格为255000美元。这一例子表明节省的净值为285000美元，或超过50%的纸张成本。但是，必须说明减少纸张基重会产生的质量上的问题，例如会降低纸张不透明度，容易导致透印等质量问题。

与纸张的重量不同，使用纸张正确的丝绺方向，可以提高印刷产品的质量而与成本无关。通过订购长丝绺或短丝绺的纸张以满足对某些产品或加工条件的要求，其价格是完全相同的。

通过简单的测试就能做到准确地判定纸张的丝绺方向。要进行丝绺方向的测试，可以沿纸张的短边和长边裁切两条具有同等长度和宽度的纸条，沿长边或短边裁切的纸条分别用L和S标记。然后把纸条彼此叠放在一起，并由测试人员的手指夹着两个纸条，夹持过程中，通过变换位置，直到它们垂下去。如果两条纸条都垂下相同的程度，则把纸条反过来做同样的测试，这会导致一条纸张明显比另一条垂下得更多（图5－2）。垂下更多的纸条表示丝绺的方向垂直于纸张的长边，垂下比较少的纸条说明丝绺的方向平行于长边的方向。这不仅是丝绺方向的一个很保险的测试，同时也生动地展示了纸张在它两个不同方向上支撑自身重量的能力。

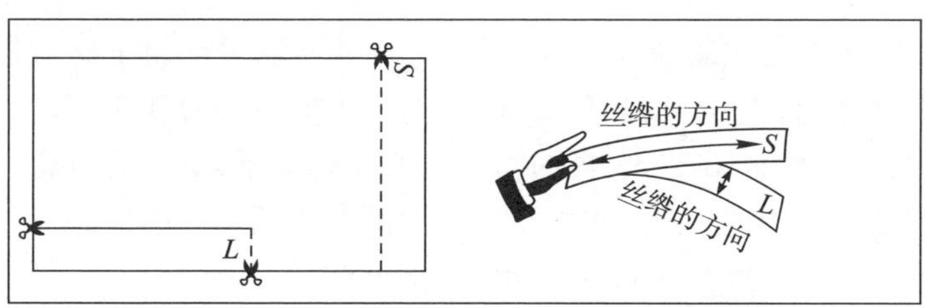

图5－2 一种丝绺方向的测试，表明了短丝绺的方向

从纸张的丝绺方向，可以看到该纸张的挺度有多大，这也很容易理解为什么人们希望有些印品可以在本身的边缘上自由矗立，如菜单、独立式海报或销售点展板等印刷产品，需要具有与其竖立位置相垂直的丝绺方向。

装订产品的丝绺方向，无论是骑马订、侧边订、胶订，或者在书脊的背面或侧边进行锁线订，都必须一律始终与产品的书脊平行。这是一种更有效地同时也是完全不增加成本地印制杂志、平装书和精装书的方式，因为这类书籍需要在打开时能够摊平，打开时的阻力要小一些。注意到这个简单的规则的重要性怎么强调也不算过分，因为在很少的那么几个令人困扰的事情中，莫过于一本书打开后在没有支撑的情况下就很快合上更让人不快的了，尤其是在考虑如何保持像阅读这样的活动的持续性的时候更是如此（图 5－3）。还有另一个唯一对胶订书籍需要考虑的使丝绺方向平行于书脊的原因是这种装订工艺中使用的胶黏剂，当所使用的书芯的纸张丝绺方向垂直于书脊时，有使装订边形成波浪状的趋势。

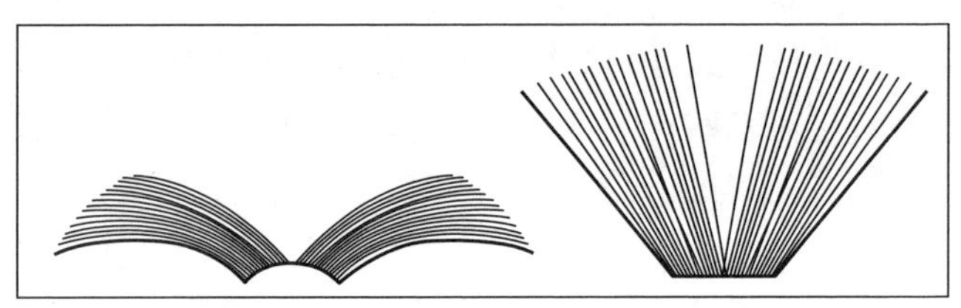

图 5－3　正确的平行于（左）和不正确的垂直于（右）书脊丝绺方向的书页

由于多页出版物不会印刷在一个页面上，而是印成有 2，4，6，12，16 或 32 页的书帖，其页面方向可能是垂直的或横向的，因此必须确定由印刷机上纸张的丝绺方向所产生的折叠后的书帖的正确丝绺方向。因此，图 5－4 显示了长丝绺或短丝绺印张上印刷时必须具有的书帖排版方式。

在平版胶印机上印刷厚纸时，可能有必要使用长丝绺方向，这样能够更好地符合印刷滚筒和传纸滚筒的曲率。如果不这样做可能会引发纸张从一个滚筒传送到下一个滚筒的传送问题，使得刚印的图像区域产生痕迹，这是由于长丝绺纸张在弯曲时产生相当大的弯曲力量所致。

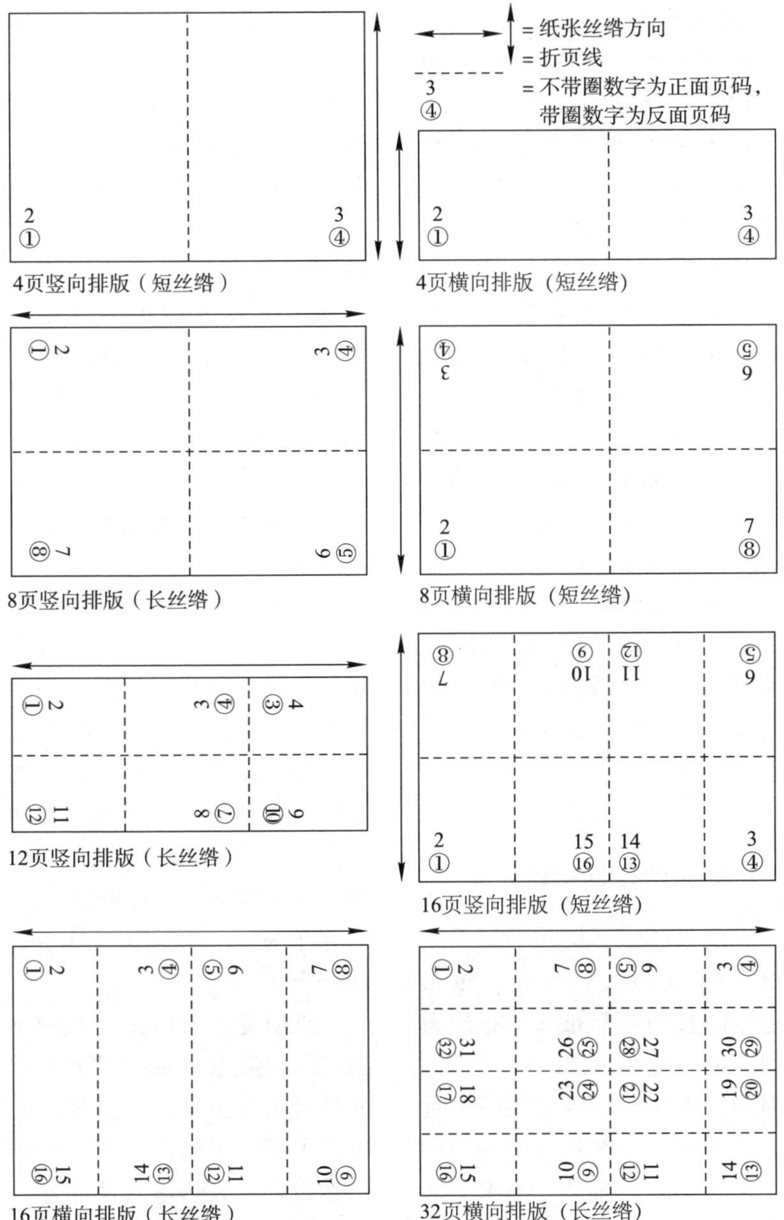

图5－4　有相应丝绺方向的书帖组版示意图

纤维素纤维具有吸湿性，容易从周围空气中吸收水分或把水分排放到周围空气中。这样导致的尺寸变化在纤维的周长方向会比纤维长度方向大十倍。因此，使用长丝绺的纸张印刷对图像尺寸要求严苛的印件或者图像套准要求很严格的印件来说是很好的做法，因为由于其吸湿性引起印张尺寸的改变都可能会使纸张在短边方向的变化更大。这可以通过更换印刷滚筒包衬来加以补偿（Breede，2006 年）。但是，应该指出，该规则只适用于大多数以纸张横向进纸输入印刷机的印刷方式。对于少数以纵向进纸输入的印刷机，应当使用短丝绺的纸张。

纸张的存放和耐久性

纸张的原材料并不都是木材，在 19 世纪初以前，纸张是用回收的亚麻布和棉布碎布制成的。这就提出一个问题，因为再生纺织纤维的供应量远远达不到一个蓬勃发展的印刷业不断增长的需求。1843 年，弗里德里·希凯勒（Friedrich Keller）发现了用木纤维可以造纸，从而避免了严重的原料短缺。然而，这一发现是喜忧参半，因为多年以后人们认识到，印在木材制作的纸张上的书本在以惊人的速度变质，而在发明木浆前印刷的书本，甚至可以追溯到约翰内斯·谷登堡在大约 1450 年印制的第一批图书，至今都没有失去其强度和可读性。如图 5－5 所示，谷登堡的四十二行圣经的一页，在其诞生 500 多年后没有损坏，没有发脆，仍具可读性。

书刊纸张变质的问题，对图书管理员、档案管理员以及任何通过广泛数量的图书把文化和科学遗产留给我们的人来说，都是非常关切的问题。在美国，据估计，在全国高校图书馆中大约有 3.05 亿册图书，而其中的 25% 正因物理变质而存有丧失的危险（Hayes，1987 年）。

纸质变差与机械木浆中不稳定的木质素和木纤维的天然酸性有关。虽然化学制浆工艺去除了纸浆中的木质素，但它仍然包含了天然呈酸性的木纤维和在化学制浆过程中的酸性化学残留物。

gentes: incipientibus ab iherosolima.
Vos aūt testes estis hoꝝ. Et ego mit-
tam ꝓmissum patris mei ĩ vos: vos
aūt sedete in civitate · quoadusqꝫ indu-
amini virtute ex alto. Eduxit aūt eos
foras in bethaniam: ⁊ elevatis mani-
bus suis benedixit eis. Et factū est dū
benediceret illis recessit ab eis: ⁊ fereba-
tur in celum. Et ipsi adorantes regres-
si sunt in iherusalem cum gaudio ma-
gno: et erant semper in templo lau-
dantes et benedicentes deum amen.
Explicit evangeliū scdm lucā Incipit
prologus ĩ evangeliū scdm iohannē.
Hic est iohannes evange-
lista un⁹ ex discipulis dnī:
qui virgo a deo electus ē:
quē de nupciis volentem
nubere vocavit deus. Cui virginitatis
in hoc duplex testimoniū datur in eu-
angelio: q̄ et pre ceteris dilectus a deo
dicit̄: et huic matrem suā de cruce com-
mendavit dn̄s · ut virginē virgo servar-
et. Deniqꝫ manifestans in euangelio
q̄ erat ipe incorruptibilis verbi opus
inchoans · solus verbū carnē factum
esse · nec lumen a tenebris cōprehensū
fuisse testatur: primū signū ponēs qḋ
in nupciis fecit dn̄s ostendens q̄ ipe
erat: ut legentibꝫ demonstraret q̄ ubi
dn̄s invitatus sit deficere nuptiaꝝ vi-
num debeat: et veteribus immutatis ·
nova omnia que a cristo instituunt̄
appareāt. Hoc aūt evāgeliū scripsit in
asia · postea q̄ĩ pathmos insula apo-
calipsim scripserat: ut cui ĩ pricipio ca-
nonis incorruptibile pricipiū pnotat̄
in genesi: ei etiā incorruptibilis finis
p virginē ĩ apocalipsi redderet̄ dicēte
cristo ego sum alpha et o. Et hic ē io-
hannes: qui sciens supvenisse diem re-
cessus sui. Convocatis discipulis suis
in epheso · per multa signoꝝ experimen-
ta ꝓmens cristū descendens ĩ defossū
sepulture sue locū facta oratione · po-
situs est ad patres suos: tam extrane⁹
a dolore mortis q̄ꝫ a corruptione car-
nis invenitur alienus. Tamen post o-
mnes evāgeliū scripsit: ⁊ hoc virgini
debebat̄. Quoꝝ tamē vel scriptoꝝ tēpo-
ris dispositio · vel libroꝝ ordinatio ideo
a nobis per singula non exponitur:
ut sciendi desiderio collato et queren-
tibus fructus laboris: ⁊ deo magiste-
rii doctrina servetur. Explicit plog⁹
Incipit evangeliū scdm iohannē.
In principio erat verbū: ⁊ verbū erat
apud deū: et de⁹ erat verbū. Hoc erat
in principio apud deū. Omĩa p ipm̄
facta sunt: ⁊ sine ipo factum est nichil.
Quod factū est in ipo vita erat: ⁊ vita
erat lux hominū: et lux in tenebris lu-
cet · ⁊ tenebre eā nō comphenderūt. Fu-
it homo missus a deo: cui nomē erat io-
hānes. Hic venit ĩ testimoniū ut testi-
moniū phiberet de lumine: ut omēs
crederent p illū. Nō erat ille lux: sed ut
testimoniū phiberet de lumine. Erat
lux vera: que illuminat omnē homi-
nem venientem in hūc mundū. In mū-
do erat: ⁊ mūdus p ipm factus est: et
mūdus eū non cognovit. In ꝓpria ve-
nit: ⁊ sui eū nō receperūt. Quotqt aūt
receperūt eū · dedit eis potestatem filios
dei fieri: hiis qui credūt in nomine ei⁹.
Qui nō ex sanguinibꝫ neqꝫ ex volun-
tate carnis · neqꝫ ex volūtate viri: sed
ex deo nati sunt. Et verbū caro factum
est: et habitavit in nobis. Et vidimus
gloriā ei⁹ · gloriam quasi unigeniti a
patre: plenū gratie ⁊ veritatis. Iohan-
nes testimonium phibet de ipo · ⁊ cla-
mat dicens. Hic erat quē dixi: q̄ post
me venturus est · ante me factus est:

图5-5 谷登堡印制的圣经

今天，可以用弱碱处理木材，用以中和木材中的酸性成分，并且使用白垩替代瓷土作为主要的填料成分，从而做到用无酸方式来生产纸张。为了抵抗由环境而来的酸性污染在纸张的生命周期里造成的破坏，纸张也可以做成弱碱性的。由于制作无酸纸的工艺比普通造纸更加复杂，无酸纸价格比较贵，它们对于寿命期望短暂的产品可能并不必要。但是对那些因各种原因需要长时间保留的产品，无酸纸能够保证在未来的时间里，同样做到像谷登堡的四十二行圣经在印制500年后仍然保持不受损坏的状况。

为印件选择合适的纸张

印刷用纸在制造时要满足每一个可能的应用场合的需求。因此，可把纸张分类为胶版纸/书刊纸、封面纸、证券纸、卡纸、索引卡纸、婚礼卡纸和新闻纸等。从这些纸张的分类名称就可以看出它所关联的印刷产品，但它们实际上也可以在许多其他场合中应用。例如，封面纸可以用作图书的封面，也可以用于与其名字不相干的许多其他可能需要克重较大的纸张的产品，或者也可以说图书可能不只在书刊纸上印刷，如果图书的用纸只有几页，如果读者是一个孩子，那么就很可能全都用封面纸印刷。新闻纸也不只是用于报纸印刷，而是要用于许多其他产品。目录册印刷的首选材料就是新闻纸。

未能列入以上分类的印刷纸张类别还有纸板、瓦楞纸板、手工制造的纸张，因为它们主要是用于工业或文化产业，一般不会用在出版印刷或商业印刷上。这些承印材料可以增加印刷项目的价值，因为它们拥有不同寻常的性质。由于再生纸本身并不是一个独立的类别，将分别对它们加以介绍。

胶版纸

胶版纸，有时也与非涂布书刊纸这个术语互换使用（Kenley和Beach，1961年）。胶版纸在制造时都要求能够承受平版胶印工艺中使用的水分。白色非涂布的胶版纸在美国有9个不同的级别。按照质量和价格的排序列出，分别为：特级，1号不透明，2号不透明，4号不透明，1号胶版纸，2号胶版纸，3号胶版纸，5号胶版纸等（Russell，1992年）。

涂布胶版纸的表面处理效果，按其光泽度的顺序列出是：光泽、无光泽和亚光。在这些涂布表面整饰的分类中，涂布胶版纸具有不同的级别。光泽整饰表面有特级，1号，2号，4号和5号级别。无光整饰表面有特级，1~5号等级别。亚光整饰表面有特级，3号，4号，5号等级别（Russell，1992年）。

这些类别的纸张具有相当广泛的使用范围，但在实际中并未进行通用定义。有些纸张经销商和造纸厂会使用略有不同的分类，不过所有纸张质量排名都会以木材杂质的数量为基础，如木质素、白度和不透明度等。较好质量级别的纸张所具有的白度值、不透明度值也高一些。它们是无木浆的纸张，也被称为无木纸，是从纯化学浆制成的最低级的纸张，顾名思义是完全由磨木浆制成的。

纸张的高亮度是在漂白过程中实现的，并在其中加入了高亮度的填料，如碳酸钙、二氧化钛以及荧光染料等。高亮度值与较高级别的白色胶版纸相关，在网目调复制中能产生很好的对比度和鲜艳的颜色。特级品质的非涂布纸的亮度水平在 97 以上，而在涂布纸中，亮度范围为 86 ~ 91。亮度并不总是理想的纸张属性。需要持续阅读的书籍和其他产品要印在低亮度、通常是黄油色的纸张上。

纸张需要不透明度来避免图像过多地透印，这是在双面印刷时经常会发生的现象。有些相同的添加剂，特别是价格很高的二氧化钛颜料，能赋予纸张更高的亮度，还可增加其不透明度。由于基重的增加也能产生较高的不透明度，因而所给定纸张的不透明度只有在它的基重已知或特定时才具有相关性。对于特级非涂布纸，不透明度的范围从基重 $89g/m^2$ 对应的 94 到基重 $148g/m^2$ 对应的 97。非涂布级的 1 号胶版纸的不透明度从基重 $74g/m^2$ 对应的 92 到基重 $148g/m^2$ 对应的 98（Russell，1992 年）。这些低级别纸张所具有较高的不透明度，反映出这样的事实，即它们与特级纸不同，它们并非是完全无木质的纸张。由于基于木材的纸张的杂质会吸收光线，从而增加了不透明度。

涂布胶版纸的不透明度水平明显高于非涂布纸的不透明度。对于特级光泽和亚光涂布纸，基重为 $148g/m^2$ 的纸张，不透明度水平分别介于 85 左右和 90 偏上的范围内，甚至达 95 左右（Russell，1992 年）。具有亚光涂层表面整饰的纸张的较高不透明度是由于其粗糙的表面产生的，粗糙的表面往往比平滑光泽整饰的表面能折射更多的光线。

大多数非涂布的胶版纸的基重范围在 44 ~ 148g/m^2 之间。基重范围在 59 ~ 148g/m^2 之间的涂布胶版纸比较常见。

选择涂布纸或非涂布纸的理由是基于印刷适性、可读性和复制真实性等因素的考虑。对于色彩的复制也是一样，涂布纸对其表面上的油墨所具有的高度的保留能力，被称为油墨保持性（ink hold-out），使得更多的颜料留在纸张表面用以反射照射过来的光线。较高油墨保持性，与纸张光滑的涂层表面能反射更强的光线的特点结合起来，使之所产生的色彩比非涂布纸更饱和（图 5 -6）。

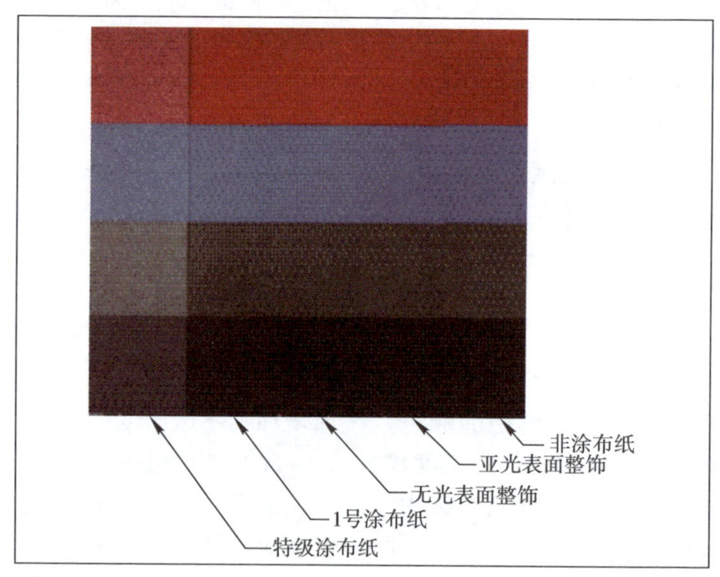

图 5 -6　在不同的白纸类别、表面整饰和纸张级别上的颜色表观

非涂布纸、无光纸、亚光纸都比光泽涂布纸更适宜用作持续阅读的纸张，因为其较低的光泽度不易造成眼睛疲劳。此外，原始的艺术作品，如果是在亚光表面上创建的，也必须印在类似的亚光印刷纸上，以便做到如实的图像再现。以水彩为例，画家通常都是在非涂布的水彩纸上作画。这种类型的作品需要使用具有类似的色调、纹理和克重的非涂布纸印刷，才能保留原创艺术作品的艺术真实性。

配制无光和亚光涂布纸上的涂层材料时，既要能够产生良好的油墨附着性，又要能反映出与非涂布纸没有明显不同的光泽度。无光和亚光涂布的纸张往往被选来用作咖啡桌书籍或其他文本和图像密集型的出版物，以便在无光泽的文本的可读性和图像复制再现性的要求之间取得折中。

轧光的非涂布纸，特别是超级轧光纸，能达到一些低档涂布纸的光泽度。这些纸张有时用来替代涂布纸会使成本更低。

由于正文纸有多种颜色和纹理，它们是未涂布胶版纸的特级分支类型，对于表达有趣的视觉设计非常有用。有些正文纸与信封、较轻的书写纸和较重的封面纸相匹配，成为印刷所偏爱的纸张类别（图 5－7）。

图 5－7　不同颜色、不同纹理的纸张

正文用纸的基重介于 104～148g/m^2 之间，它们通常都是按特级纸列出和报价的。但是，对它们进行质量评价的用处不大，因为它们的选择通常是基于颜色和纹理，而不是质量标准。

下面对较常见的表面整饰和纹理做一简短的描述，以便了解其一般的光学和物理性能。

水印。水印是半透明的带有相关信息的图像和字母，如造纸厂的名字、纸张的品牌名称以及它可能包含的特殊材料（如棉花或碎布等）的百分比等。水印通常是高级纸张的标识，其印刷的图文在单面印刷品中或在双面印刷品的第一面上总是可读的。水印是在造纸机的湿端通过压胶辊产生的。

条纹印痕。条纹印痕的特点是在纸张的水平或垂直方向上有半透明线。罗纹条纹印痕排列很紧密。半透明的线条基本上是采用和水印相同的方式形成的。

织纹。像条纹印痕和水印那样，织纹也是在抄纸机的湿端做出的，但与条纹印痕不同的是，纤维没有明显的移位，模具上细的金属筛网赋予了纸张表面织物状纹理。织纹表面的特点是平滑而均匀的。

毛面纹。毛面纹是在抄纸机上由毡辊形成的纸张纹理，也可以作为一种独立的非联线操作工艺由一根压花辊在纸张表面压出毛面的图案。类似亚麻布的纹理也是以非联线的方式在抄纸后完成的。

羊皮纸表面整饰。羊皮纸表面整饰的目的在于模仿古代书写材料的质地和外观，是通过硫酸处理并在处理后快速对酸性进行中和完成的。羊皮纸和蛋壳纸表面整饰可以互换使用。它们的特点是光滑的蛋壳般的质感。羊皮纸有很高吸墨速度，是比较流行的纸张整饰方式。

光滑面整饰。光滑面整饰，听其名称，可联想其外观。通过比普通整饰表面更多的轧光操作，使其表面平滑几乎不会出现任何纹样。

皱纹纸。表面起皱、有波纹效果的纸张，被称为皱纹纸。皱纹纸的起皱饰面是在纸带小于正常张力情况下通过高温花形辊子排列装置由风干制成的纸张。

仿古饰面。仿古饰面的轧光量很少或根本就不轧光。仿古饰面的特点是它具有开放的表面结构和高松散度。

人造革饰面。人造革饰面具有皮革状的花纹，是在基重较大的封面纸上压花而成。

双面纸张的颜色或纹理。双面纸张的每一面都有不同的颜色或纹理。它们由两种不同表面整饰的纸张复合而成。两张纸复合成一张纸通常会更重、更厚，多用于做封面纸。

机器整饰纸。机器整饰纸张不进行单独的非联线或联线的表面处理，只是稍微在抄纸机上的轧光辊组上轧光一下。

超级轧光纸。没有进行涂布的高光泽度纸是在非联线轧光工艺中实现的，这种轧光工艺称为超级轧光工艺。在超级轧光中，纸张在一个钢制滚筒和一个覆有纸张或棉花滚筒之间的接触区里通过。由于两个滚筒不同的表面速度会使纸张磨光，产生釉光的整饰表面。

英式整饰纸。英式整饰纸张的无光泽表面的平滑度介于机制纸和超级轧光纸之间。其表面纹理的产生归于纸张的纤维在打浆过程中接受的较高打浆程度以及这些纸张具有的较高含量的矿物质填料。

平板轧光整饰纸。平板轧光整饰纸光滑的表面是通过平板压光机中抛光锌板或铜板之间的高压作用而获得的。平板压光整饰纸被称为镀光纸。

专业生产带纹理纸张和纸板的造纸厂可能有多达 20 种毛布面和水印的整饰表面和 40 种压花的图案。由于最低订单数量为两吨，一些造纸厂会生产客户定制颜色的纸张，或是生产颜色与一个品牌或企业的色彩精确匹配的纸张。

平版胶印工艺非常适合用于有纹理纸张的印刷。其他传统的印刷工艺多是从刚性的图像载体（印版）把图像转移到纸张上的，而在平版胶印工艺中，最终的图像转印是通过柔韧的橡皮布进行的，这就很容易与纸张不规则的表面结构相吻合。

■ 封面纸

由于封面纸经常被用作书籍、目录册、小册子的封面，并意味着它具有宣示和装饰功能，因而可以进行不同的表面整饰，颜色可以与正文用纸的颜色相匹配。封面可起到保护出版物的作用，这也就是为什么封面纸相对克重较高的原因。封面纸可以是涂布纸、单面涂布纸或双面涂布纸。它们的折页性能和耐折度是这些纸张的重要属性，因为作为其使用目的，它们肯定都会被折叠成出版物的封面。封面纸也可以以厚度来标明其范围，大约从低基重纸张的 0.006 英寸到高基重纸张的 0.019 英寸。这种承印材料的厚度都在现代平版胶印机允许的范围内，其中有一些机型的设计具有能够印刷 1.95mm 厚的纸张的能力（海德堡印刷机械股份公司，2008 年）。

封面纸和其他厚纸张的厚度通常以点作为单位，1 点相当于 0.001 英寸。在公制系统里，封面纸或其他厚纸的厚度可以用克重来表示。100g/m² 重的纸的厚度大约相当于 0.1mm。

□ 证券纸

虽然证券纸最初是用于印制债券和股票证书的，它们的用途现在已经被广泛地扩大到其他印刷产品，但它们的主要应用仍然是在与商务相关的活动中。这也是证券纸张有时也归类为商业纸张的原因。证券纸大部分耗用的都是 75g/m²、83g/m²、90g/m² 基重的类别，但是证券纸的基重也有低至 30g/m² 的和高达 135g/m² 的。证券纸是非涂布纸，有各种不同的颜色和饰面，尽管不像正文纸的类别那么多。证券纸与大多数其他纸张类别相比，在于它们的纤维组成的变化更多，通常包括各种不同的棉花或破布纤维的比例。当使用棉花术语时，表示在纤维混合物中包含有棉绒纤维，而说到破布纤维就意味着只使用来自纺织材料的棉纤维（ASTM 1963）。有 100% 化学木浆和 100% 棉或破布纤维含量的证券纸，以及以化学浆与 25%、50% 或 75% 的棉或破布纤维混合的证券纸。棉花或破布纤维含量较高的证券纸是特级纸，它们在持久性、耐用性和一般拿取强度方面都是其他相同重量的纸张所无法比拟的。

在美国，书写纸也被划归到证券纸张类别里，它的纹理比较软，有施胶的表面，便于钢笔和墨水书写和擦除。普通书写纸的基重为 60 ~ 75g/m²，而精细的书写纸的基重为 105g/m²。特级书写纸通常有许多能与信封相匹配的装饰性饰面和纹理。名为

Azure（天蓝色）的纸张，颜色为蓝色，有条纹印痕，有良好的书写表面。

账簿纸

一般的账簿在这个年代都已经让位给电子表格了，但是这种用于记录会计交易业务的纸张仍然在生产。账簿纸可以被认为是耐用、厚重的书写纸。这些非涂布纸与一些证券纸有许多共同点，它们的强度高，具有良好的表面施胶。与证券纸类似，它们可以由含有各种不同比例的化学木浆、木浆及棉纤维混合，以及100%的棉纤维等组成。天蓝色（Azure）直纹划线的账簿纸颜色是浅蓝色，与其他的账簿纸一样，适于钢笔和墨水书写，也适用于平版胶印工艺进行印刷。账簿纸的基重为90g/m^2、105g/m^2、120g/m^2、135g/m^{2}等。如果印刷产品的使用寿命是优先考虑的，那么账簿纸就是一个不错的选择。

卡纸

卡纸是替代封面纸的一种经济的纸张。它们有非涂布纸和涂布纸，有白颜色也有其他颜色，但卡纸的颜色和表面整饰的选择是比较有限的。卡纸两个表面都整饰的是光滑纸和皮纸。皮纸整饰后，特别适合于平版胶印工艺，因为它具有较高的松厚度，以及很好的印刷适性。卡纸的基重为147g/m^2、176g/m^2、219g/m^2、263g/m^2、307g/m^2 和 351g/m^2。单面涂布或双面涂布卡纸的标准厚度为 0.20mm、0.25mm、0.28mm 和 0.30mm（Wilson，1998年）。

索引卡纸

具有良好的书写和擦除性能的最重、最厚的纸张是索引卡纸。它们有标准、光滑、表面施胶等整饰分类，并有各种不同的颜色。根据不同的级别，索引卡纸可以有25%、50%或100%的棉纤维含量。市场上可得到的类型分别为基重 163g/m^2、199g/m^2、253g/m^2、308g/m^2 等（Wilson，1998年）。100%棉纤维含量的纸张具有最大的耐久性。

婚礼卡纸

婚礼卡纸是装饰性的厚纸，有不同的颜色和整饰方式，特别是版式整饰。可以把一张纸或几张纸粘贴在一起获得很厚重的具有不同厚度和层数的纸张。婚礼卡纸可以有两层、三层和四层的形式，基重分别为 263g/m^2、395g/m^2、527g/m^2 等（ASTM，1963 年）。

标签纸

需要极高强度的产品通常是由标签纸制作。标签纸有非涂布纸和涂布纸，有各种不同的颜色。非涂布纸经过重度轧光并具有光滑的表面。标签纸的基重为 163g/m^2、204g/m^2、244g/m^2、285g/m^2、326g/m^2、407g/m^2 等（Wilson，1998 年）。

新闻纸

根据定义，新闻纸是由被称为磨木浆的机械浆制成的非涂布纸。根据机械浆的质量需求，也可能含有一些化学浆。新闻纸的基重范围在 40～57g/m^2 之间。低基重、低成本的机械纸浆是报纸出版经济可行性的关键因素。在北美，新闻纸占到每日报纸生产成本的 15%～20%。大约 80% 的新闻纸消耗在每天的报纸印刷上（新闻纸生产商协会，2009 年），其余的则用于其他产品，例如目录册和插页，这些产品，与报纸一样，很快就会过时，因此对持久性没有要求。

纸板

纸板的厚度使得它与其他纤维承印材料区分开来，在美国它通常是以点为单位来表明厚度的。纸板厚度通常不低于 10 点，折叠纸盒最常见的厚度介于 12～24 点之间（Twede 和 Selke，2005 年）。这样的厚度通常是在滚筒抄纸机上生产的，好几层不同的浆层通过几个不同滚筒收集，一般夹在中间的是低质量的纸浆，纸板的外表面则是更高品质的纸浆。纸板与纸张一样，也可以进行多种表面整饰，包括平滑表面非涂布纸板、光面涂布纸板和铸涂纸板。由于它的厚度以及多层次的组成特性，使其比其他任何类型的纸张都具有更高的刚度和抗变形能力。最厚的纸板是层合板，用淀粉树脂或黏合剂将相似的或不同的纸张粘贴在一起（ASTM 1963）。

瓦楞纸板

瓦楞纸板的特性是通过改变纸基结构构件的设计规格而获得的。瓦楞纸板的结构部件是在瓦楞机上用热量、水分和瓦楞辊把材料成型为楞或波浪状的形状，获得的纸板称为箱纸板（Kirwan，2005 年）。在瓦楞机上，楞状的材料在其顶点接受了淀粉黏合剂的涂布后，被送至与箱纸板相接触的位置，与其形成永久的黏合。如果箱纸板是以前印好的，瓦楞纸板就会是一个有图像的表面，被称为预印箱纸板。如果箱纸板没有预先印刷，它可以随后以瓦楞纸板的形式进行印刷。

瓦楞纸板的四种类型是单面瓦楞纸板、单瓦楞纸板、双瓦楞纸板、三瓦楞纸板。单面瓦楞纸板有一个箱纸板和一个敞开的瓦楞纸；单瓦楞纸板或称双面瓦楞纸板，是在两个箱纸板间夹着一层瓦楞纸。在双瓦楞纸板中有两层瓦楞纸，由一层箱板纸分开，而在瓦楞纸板的外部表面是两个箱板纸。在三瓦楞纸板中，有 3 层瓦楞纸，分别由箱板纸分隔开，在瓦楞纸板的外部表面是两个箱板纸（图 5－8）。

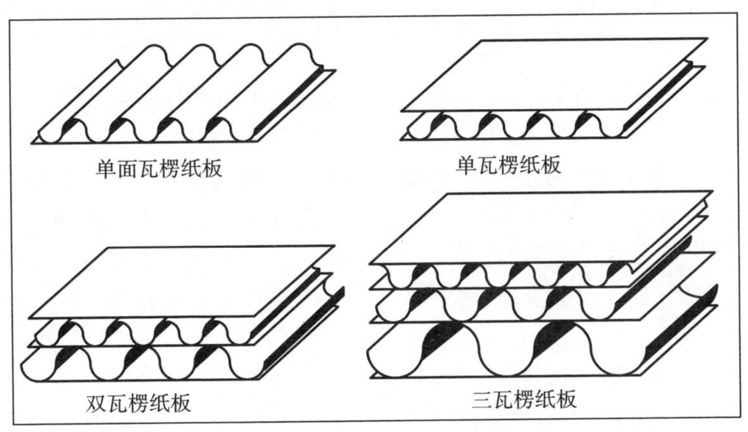

图 5－8　瓦楞纸板的级别

瓦楞纸的楞型根据每米的平均楞数、楞距和拉紧率来确定。每单位长度的平均楞数显而易见，无须解释。楞距是两个楞的顶点之间的距离，而拉紧率是平放状态下楞的长度与箱板纸长度的比值。按最薄到最厚的顺序，9 个瓦楞纸板的等级分别为：D、K、A、C、B、E、F、G 和 O（表5－1）。

表5－1 不同的瓦楞纸板级别的规格

楞型	平均楞数/米	平均楞数/英尺	间距（mm）	间距（英寸）	拉紧率	厚度（mm）	厚度（英寸）
D	75	23	14.96	0.58898	1.48	8.0	0.31496
K	95	30	11.70	0.46063	1.50	6.5	0.25591
A	110	34	8.66	0.34094	1.53	4.8	0.18898
C	129	39	7.95	0.31299	1.42	4.2	0.16535
B	154	47	6.50	0.25591	1.31	2.8	0.11024
E	295	90	3.50	0.13780	1.24	1.7	0.06693
F	310	95	2.40	0.09949	1.22	1.2	0.04724
G	350	107	1.80	0.07087	1.21	1.0	0.03937
O	360	110	1.25	0.04921	1.14	0.7	0.02756

原则上，任何印刷工艺都适合进行预印箱纸板印刷，只要印刷机有卷到卷的输纸和收纸配置就行，因为瓦楞机上的箱板纸必须由卷筒纸输入。

对已加工制成的瓦楞纸板进行印刷，大部分是在柔版印刷机上进行的，因为其印版的柔软性可以补偿瓦楞纸板承印材料不均匀的结构，这是柔性版印刷优于其他印刷工艺之处。一些非常大的165cm 单张纸平版胶印机也能够接受厚度达到 1.6mm 的承印材料，已经成功用于在 E 楞、F 楞和 G 楞的瓦楞纸板上印刷。较大的胶印机更适合于瓦楞纸板的印刷，因为印刷滚筒和传纸滚筒直径比较大，使纸板不会受到太严重的弯曲而导致开裂。

手制纸

纸张是早在公元 105 年就在中国由蔡伦所发明，而第一张机器制造的纸张则是由弗多利尼亚兄弟（Fourdrinier）在

1803 年发明的，相对来说是一项较新的创新发明。现代机器制造纸张的技术发展的动力并不只是要做出更好的纸张，而是更有效的制造纸张。在这方面，弗多利尼亚兄弟确实取得了成功，因为今天的纸张的商品化的程度非常高，大多数人不会再有第二次这样的想法，或把这个问题当做特别有价值的问题来看待。在纸张质量方面，抄纸机的发明也必须被看作是一项成功。如果以造纸工业的标准来衡量，手工造纸几乎没法与机器制造的纸张论短长，特别是考虑到厚度的均匀性和表面光洁度。

然而，手工造纸仍在世界各地生产，尤其是在日本、中国、印度、不丹、意大利和法国等这些有着悠久的造纸传统的国家。手工造纸不能像机器那样大量制造纸张，但是它们在生产量上的不足却由丰富的纸的颜色和纹理来补偿，它反映了生产者的文化传统和他们可以利用的原材料。

日本的手工制纸有着广泛的选择范围，包括名为 Asamashi 的纸张，是由亚硫酸盐和小构树（一种由农业种植的桑树品种）制成的；Kiri 纸，也是由小构树制得的，但是其中包含了树皮成分；大麻纸（hemp paper）的颜色是自然的白色，不必漂白；具有细致纹理的是因州和纸（Inshu calligraphy paper）；硬挺而半透明的藤纸（Cane paper）是由纺织的纱线、绳和稻草复合在纸基上制成的；美津纸（Mitsu paper），因具有中性和存档品质而受博物馆青睐。

造纸在中国的传统可以追溯到前面提到的蔡伦。中国的两种最流行的手工纸是安泾纸和宣纸，是由檀香木、桑、麻和龙须草的纤维制成的。

印度手工纸的主要原料是棉花，但也有其他几种纤维材料，包括蔗渣、香蕉树的废秆和黄麻等。如同它的纺织产品一样，印度的手工纸的颜色范围也是极其广泛的（图 5－9）。

不丹最常见和最流行的纸张是浇纸（Resho）和茶纸（Tsasho），是用月桂树纤维的原料制成的，制成的纸张呈旋涡状图案并具有轻微的虹彩效果（印度礼品和手工艺品贸易

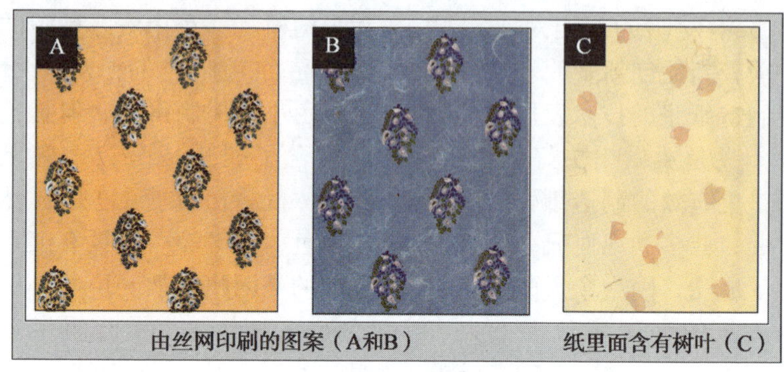

图5－9 印度手工纸张

促进网，2009年）。

大多数手工纸用于制作手工艺品、工艺美术品，以及用于艺术印刷制作社团的需要，这些社团看重的是手工纸的质朴外观和不寻常的纹理和颜色。这些艺术家和工匠把手工纸的技术上的缺陷看作是一个附加价值，因为他们造就了艺术品的唯一性，与工业化的精确一致形成了鲜明对照。

古代造纸工艺被看作是机器造纸工艺的雏形。除了极快的速度和机器工艺的机械精密性外，其基本原则和流程顺序对于手工制纸和机器造纸都是相同的。

如同机制纸张一样，手工造纸工艺也是从分解纤维开始的，所不同的是，在手工造纸工艺中，其规模要小得多。此外，与机器制造纸张一样，手制纸也是在金属丝网上形成的。不同于机制纸的地方是，丝网不是在一个方向不动，而是在两个或多个方向上由抄制纸张的人用手抓住网框进行摇曳的动作，以便使纤维互相交织在一起。这就意味着，与机器制造纸张不同，手工纸没有占主导的丝绺方向。当形成丝网边界的网框被取下时，就产生了手工纸四个边缘的羽毛状的特点。这个框架被称为定纸框。因此，这种用于称呼不规则成型的、羽毛状边缘的术语，即定纸框边（或称“纸张毛边”），就是来源于这个造纸框组件（Ross和Romano，1972年）。虽然机器制造的纸张也会有毛边，但是机器造纸工艺中的机械动力使得所形成的毛边最多只有一个。仍然含有水分的纸垫从金属筛网上离开而把剩余的水分除掉的过程，对于两种造纸方法来说基本上是相同的。

尽管手工纸对于大规模的工业用途来说是太昂贵了，但它们有时也会被印刷企业用在一些印刷项目上，用于提高普通商业印件的价值。平版印刷原本是在手工纸上印刷的，如果采用与最早使用的类似的手工纸以平版胶印的方法来印刷，不仅可以做到逼真复制，而且也会产生一种再现真实效果的氛围，因为所得到的复制品与艺术原作共同具有这种可以感触的承印物的相似性。由于在技术上高度重视印前和印刷工艺过程的细节，这些复制品的零售价格会远远超过手工纸的高成本。限量版的图画书是手工纸用于商业印刷项目的另一个例子，其中一些以类似于其他限量版艺术作品的方式在精品艺术市场上交易。像这样的一本书，《Canticum Canticorum-DAS Hohe Lied》就是在手工制作的毛边纸上印刷的，数量只有25本签名的皮革装订本和300本半皮面装订的亚麻布版本。它的文字以凸版印刷工艺印刷，艺术家Gerhart Kraaz提供了30块原始石版的复制画（图5-10），印版在印刷完成后销毁（Ars Libri出版社，1962年）。这些书现在的拍卖价格比原来的价值高出好多倍。

再生纸类的产品

所有工业活动对环境的影响都是当代非常关注的，印刷业也必须发挥其作用，通过实施一些措施来减轻对环境的压力。因为以总吨数而言，纸张是目前所有印刷工艺的主要材料，考虑到接受废弃的纸张和纸产品对自然资源枯竭和垃圾填埋的能力的影响，就是一个最显著的对环境产生压力的因素。

幸运的是，纸张是可回收材料，不同的消息来源估计，纤维可以在回收5~7次后才会变得过度损坏而无法再进行造纸（美国环保局，2008年）。尽管这些无法再使用的纤维和在脱墨过程中损失的大约15%的纤维量（加拿大纸浆和造纸协会，1992年）将必须通过加入一些原生纤维予

Drehe, drehe dich, o Sulamith, drehe, drehe dich, daß wir dich anschauen. – Was bewundert ihr an Sulamith, da sie den Schwerttanz tanzt? – Wie schön ist dein Schreiten in den Sandalen, du Fürstliche! Deiner Hüften Wendung schmiegsam wie ein Halsgeschmeide,

34

gemacht von Meisterhand. Dein Schoß wie eine runde Schale, voll von nie versiegendem Trank; dein Leib eine Weizengarbe, umsäumt von Schwertlilien. Deine Brüste zwei junge Rehe,

35

图 5－10　手工纸印成的书

以补偿，然而这种加入再生纤维的做法不仅降低了需要砍伐的树木数量，而且也从已经不堪重负的堆填区分流了废纸。越来越多地保护我们的自然资源或把废物从垃圾填埋场转走的任何措施都让消费者认为这是一个印刷产品的增值功能。

要使再生纸产生的光学性能相当于原生纤维制作的纸张，回收的纸浆需要通过洗涤或浮选脱墨工艺来进行脱墨。对于一些再生的纸张，故意省略脱墨的工序，以进一步减少这一过程对环境产生的影响以及它所产生的固体废物。一些从没有进行脱墨过程而制成的优质再生纸有一个特点，就是它存在斑点的外观，这也毫无疑问地证实了其再生纸的身份。这些类型的纸张往往受到一些个人或组织的青睐，因为他们不仅要以对环境负责的方式做事，而且也希望有一个对环境负责任的形象。

废纸的三个基本类型是造纸废料、商业用途后产生的废物和消费之后产生的废物。造纸废料一直是在造纸工艺过程中使用的，是来自于造纸过程本身产生的废料，包括退货的纸张和木材加工产生的废料，如整木碎屑、锯木厂废料和锯末等。

商用后废物多年来也一直为造纸工艺所用，是在纸张加工、印刷和装订工序中产生的废物，以及商店、批发商和零售商未售出的纸张及纸制品等。

消费后废物包括已经失去了其生命周期而从一般废弃物流（如垃圾堆填区）转移过来的纸张和纸产品。这通常包括报纸、杂志、书籍、纸板箱和商务用纸张等，所有这些都可以用来重新生产新闻纸和纸板。多年来，一些日常的报纸至少使用50%的再生纤维，在一些国家的包装行业里，要使用多达80%的回收纸和纸板作为瓦楞纸板的主要原料。

要生产含有再生纤维的高级纸张，其再生纤维也必须来自再生的高级纸张。这就需要对废品物流进行严格的分类，特别是在消费后阶段必须这样做，这是一项劳动密集型的操作，因此要比不加选择的废物管理方法花费更高的成本。

随着消费后再生废料数量的增加，消费后废物回收的高成本成为提高纸张环保资质认证的一个原因。例如加拿大政府（EcoLogo 计划，2009 年）和美国政府（美国环保局，2007 年）也鼓励通过实施认证计划的方式使用再生纸（加拿大），或推荐再生的含量（美国），以便促使人们考虑对纸张进行回收（表5－2）。

表5－2　环保局推荐的印刷和书写纸、新闻纸、纸板和包装产品的再生纤维含量

纸张产品	用途说明	消费后回收的纤维	总回收的纤维
印刷和书写纸			
复印	商业文件，如证券、复印、油印、技术文件和图文复制	30%	30%
胶印	用于图书出版、商业印刷、直邮、技术文件和操作手册	30%	30%
片剂	官方用纸，如记事便笺和笔记本	30%	30%

续表

纸张产品	用途说明	消费后回收的纤维	总回收的纤维
表格证券	证券类型纸张，用于商业表格，如连续打印纸、收银机用纸、销售手册、表格套件、计算机打印输出（不包括无碳复写纸）	30%	30%
信封	编织袋（包括马尼拉纸） 牛皮纸，白色和彩色 牛皮纸、未漂白 不包括定制信封	30% 10%～20% 10%	30% 10%～20% 10%
棉纤维纸	高品质的纸张，用于文具、请柬、货币、账簿、地图和其他特殊物品	30%	30%
文字和封面	高级纸张，用于封面材料、书籍、文具的相匹配的信封	30%	30%
超级轧光	磨木浆纸，用于广告和邮购插页、目录册和一些杂志	10%	10%
机器整饰磨木浆纸	磨木浆纸，用于杂志和目录册	10%	10%
盒装纸	用于邀请函和贺卡	30%	30%
支票	用于制作商业支票和政府支票	10%	10%
涂布纸	用于年度报告、海报、小册子和杂志；有光、无光或亚光整饰	10%	10%
无碳复写纸	用于多层击打复制形式	30%	30%
文件夹	马尼拉纸或彩色纸	30%	30%
染色存档产品	用于多色挂式文件夹和皮夹	20%	20%～50%
索引卡和卡片	用于索引卡片和明信片	20%	50%
纸板	高强度纸板，用于装订机和报告封面	20%	50%
标签和门票	用于收费和彩票、许可证，以及识别卡和制表卡	20%	20%～50%

续表

纸张产品	用途说明	消费后回收的纤维	总回收的纤维
报纸			
报纸	磨木浆纸，用于报纸	20%～85%	20%～100%
纸板和包装产品			
瓦楞纸箱	用于各种商品的包装和运输 （<300 PSI） （300 PSI）	25%～50% 25%～30%	25%～50% 25%～30%
固体纤维盒	用于专门的包装需求，如炸药包装和军队口粮盒	40%	40%
折叠纸盒	用于包装各种各样的食品、家庭用品、化妆品、药品、洗涤剂和硬件	40%～80%	100%
工业纸板	用于制作管、芯、罐和桶	45%～100%	100%
其他	包括“刨花板”垫衬垫、书籍封面、覆盖装订、邮寄、游戏板和拼图	75%～100%	90%～100%
加厚邮寄品	由牛皮纸制成，通常是棕色的，但可以漂白	5%～15%	5%～15%
装物板纸	一种用于盒包装饮料的折叠纸盒	10%～15%	10%～100%
棕色纸	用于纸袋和包装纸	5%～20%	5%～40%

在主要的纸张分类中，目前有各种各样回收的涂布和非涂布纸。据《美国印刷者（American Printer）》于1995年所做的再生纸调查（2009年也进行了这项调查），其中有472种纸张含有数量不等的再生纤维。在这些回收的纸张中，有4种正文纸，5种封面纸和1种静电复印纸含有100%消费后废纸。57种纸有100%的回收废品含量。最低的消费后废纸和总回收纤维含量为10%，大多数纸张有50%的总回收纤维含量。在信封类中，有4种信封有100%

的总回收纤维含量。这些再生纸张和信封是由 58 家美国和加拿大的纸张制造商提供的（《美国印刷者》，1995 年）。

非纤维材料的或合成的承印材料

非纤维承印材料的基本原料是化石燃料，如煤炭、天然气、原油，这些原料除了从地质时间尺度考量之外，都是不可再生的资源。这些碳氢化合物由石化工业加工成各种各样的塑料材料，包括合成的承印材料或非纤维的承印材料。纸张和非纤维材料可以分别衍生出可再生和不可再生的材料这样的事实是一个重要的鉴别因素。全球 1995 年的纸张消耗量为 2.7 亿吨，预计在 2010 年增加到 4.1 亿吨（Kipphan，2001 年）。合成材料的承印物不应被视为纸张材料的替代品。数量如此庞大的合成材料，既不能轻易处理掉，也不能由有限的资源来提供，从长期说，合成材料要来自具有可持续性的资源。

相反，合成的材料只应用于仅由纸张的物理或光学特性（或是借助于纸张精炼工艺，如涂布工艺）不能满足性能要求的产品或功能。这些功能包括：液体产品包装的非渗透性，任何预计会接触到水或其他液体产品的湿强度，物理强度（尤其是那些要承受到比正常物理运输时更大力量的产品的耐撕裂性），用于户外广告牌或海报的耐紫外线辐射性能，耐化学性，耐油或油脂物质的性能，超出涂布纸或上光方法所能达到的光泽度值，保护印刷的图像免受磨损和耐磨损的性能以及特殊的视觉效果等。

层合材料

层合材料的一般目的是：如果单靠一种材料不能满足其整体功能的所有要求时，则需要将一个或几个不同类型的材料结合在一起。

层合材料是许多包装应用场合中用到的材料，因为一种类型的材料大多不可能适合信息传播、市场营销和物品包装三种功能要求。

例如，作为一个容器的功能要求可能会与印刷适性相冲突，要么印刷的表面必须加以保护，以防止采用适于层合的材料进行层合过程中受到的极端温度的影响。

大批量的包装应用要在与印刷机的幅面和生产率相类似的大型高效的专用层合设备上进行层合加工。或者是在柔版印刷机和凹版印刷机上联线进行层合加工的。这种类型的层合设备总的原理是把液体的黏合剂用辊子或印刷机的输墨装置在层合材料上进行涂布，然后在黏合剂干燥之前靠两个滚筒的啮合压力复合在一起，称为湿法复合工艺。在干式复合工艺中，黏合剂通过热风干燥装置或紫外线/电子束辐射固化。

对于非包装用印刷产品的复合加工（如图书的封面）的主要目的是保护印刷的图像免受磨损并且防潮，同时可赋予印刷产品更大的尺度和强度，并获得尽可能高的光泽度。

非包装印刷产品的两种复合方法是热覆膜和冷覆膜。热覆膜利用涂有黏性树脂层的热复合膜在基材的一面和双面覆膜，这种黏性树脂层具有在热量和压力的作用下与要覆膜的承印材料结合在一起的能力。在冷覆膜工艺中，复合膜含有对压力敏感的溶剂丙烯酸黏合层，通过压力作用与基材黏结在一起。在对热敏感的基材或图像着色剂进行复合时需要采用冷覆膜工艺。

最简单的覆膜机是口袋覆膜机，只要将基材插入一个带有热激活膜的复合膜袋中，随着复合膜与热板相接触，就会黏结到要复合的材料上。口袋覆膜机只适合于非常低的生产量，而且口袋覆膜机无一例外地都很小，适合放在桌面上。

对于较大的基材尺寸和更大的产量，必须使用辊子覆膜机。辊子覆膜机用热的辊子和内装的红外加热器，或采用加热靴和热辊的组合方式将基材与复合膜黏结起来。根据一家主要的复合设备制造商的产品目录介绍，辊子覆膜机的生产速度范围从用于价格较低的覆膜机的1m/min到价格较高的覆膜机的15m/min都有。有些辊子覆膜机能够复合的基材宽度为163cm，厚度为2.54cm。辊子覆膜机所使用的复合膜的厚度从25～500μm不等，有双面或单面覆膜的两种配置方式。较小的辊子覆膜机是台式机，而较大的覆膜机采用柜体的设计，通常由一个移动的机架来支持。

大、中批量的非包装覆膜通常是工业型或商业型热覆膜。较紧凑的手动输入的覆膜机覆膜宽度为520mm，一般带有热辊，内部有红外加热器，覆膜速度为10～15m/min。

较低的单张纸覆膜机的覆膜速度为30m/min，或每小时6000张，而速度最快的覆膜机可以达到100m/min，或每小时12500张，与许多单张纸印刷机的生产能力相当。最大的单张纸覆膜机可容纳的纸张尺寸为1100mm×800mm。这些高速覆膜机通常用于对胶印的产品进行覆膜，使用电感应加热辊系统。一些覆膜机还带有压花辊的功能，可以产生凸起的纹理，如亚麻、细线、皮革或烟火效果等。

卷对卷覆膜机通常用于凹版印刷和柔性版印刷的产品，采用的是与单张纸覆膜机上使用的类似的热覆膜技术，覆膜速度为50m/min。除了覆膜，这种类型的覆膜机也能产生压凸的图案，也可用于把全息箔转移到基材上。

覆膜可以有不同程度的光泽和亚光表面，并且具有防紫外线功能，可以防止户外广告牌的图像退色。根据合成材料覆膜用膜的制造材料不同，其性能特点有很大的差别。用聚酯制成的复合膜比聚丙烯薄膜更耐刮擦，更容易折叠。如果复合膜要与烫金或以其他方式例如使用动物胶的工艺相结合，应使用与动物胶、箔烫印兼容的复合膜，而尼龙复合膜具有最好的性能（Tedesco等人，2002年）。

如果覆膜的目的之一是赋予产品较大的体积和厚度，那么就可使用较高基重的纸张，而不是较厚的复合膜。这样做可以大大降低成本，因为复合膜要比纸张材料贵得多。

合成纸

作为石化行业的产品，合成纸的成分与纸张的成分就相去甚远了，后者主要是木材行业的产品。一些合成纸是由最广泛使用的塑料、聚乙烯制成的。另一些合成纸使用聚丙烯树脂作为基体材料，还有一些则被制造商称为微孔的合成聚合物。为了改善这些塑料材料的印刷适性，它们也可能含有如二氧化钛或碳酸钙这样的矿物质，这些也是纸张的重要的填料和涂层材料，然而正是这些内含的塑料材料，才使得这些合成纸具有很好的物理强度。

与纸张相对脆弱形成鲜明对比的是，有些合成纸可能几乎没有办法将它撕破。它们对潮湿环境相对不敏感，因而保证了尺寸稳定性。它们在弄脏后可以清洗；对一般化学品有耐性，可以反复弯曲而不会破裂，也不会在表面留下永久的折痕；它们具有的相对耐抗流体渗透的性质可以避免油性物质在表面产生的污渍。此外，一些人工合成的纸张是半透明的，在用背光光源展示图形的场合可被选作基材。

有一家主要的合成纸制造商可以提供 50 种不同的合成纸，克重为 69 ~ 234g/m^2，虽然这个克重范围没有各种纤维纸张的克重范围那么宽广，但它也涵盖了最常见的克重类别。几乎所有的合成纸都是白色的，分亚光或有光表面整饰，但有光合成纸的光泽度往往低于有光涂布纸。此外，许多合成纸都比较绵软，缺乏可与之相比较的纤维纸的硬挺度。

大多数合成纸都是为平版胶印工艺而设计的，但它们也可以用于（或者专门为其配制）柔版印刷、凹版印刷、丝网印刷、凸版印刷、热转印和喷墨印刷工艺。在电子照相或激光打印工艺的融合阶段所使用的高温是许多合成纸所不能承受的。但惠普 Indigo 品牌的电子照相印刷设备则是例外，它采用液体电子油墨，可以在较低的 100℃ 下对承印材料进行融固，比墨粉装置需要的 150℃ 融固温度要低（惠普白皮书，2002 年）。

要在平版胶印机上成功印刷合成纸的一个关键因素是所用的润版液的数量。纸张印刷时所使用的正确的润版液用量对合成纸来说就过高了，因为它们缺乏纤维基材的吸收性能。这样就会由于过量的润版液而导致印刷适性的问题。因此，在印刷合成材料时，有必要使用可能的最低数量的润版液。或者，更好的方法是在无水胶印机上印刷合成纸。

然而普通印刷油墨可以在合成纸上印刷，专门为合成纸配制的油墨会有更好的表现。在如合成纸这样的非吸收性承印物上印刷时，油墨蹭脏的可能性是始终存在的。不要让收纸装置码放的纸堆高度超过7～8英寸是防止蹭脏的一个无须高技术含量的方法，因为这将最大限度地减少刚印刷出来的图像的蹭脏。UV固化及电子束固化或红外干燥系统是防止蹭脏最有效的方法。

如果合成纸要经过多次走纸印刷，要让两次走纸之间留出3～5h的时间间隔。裁切、上光或其他操作都不要在12h之内进行。

合成纸容易产生静电荷，容易造成输纸故障。由于相对湿度较低时会加剧静电的产生，因而印刷车间的相对湿度应保持在50%以上。

印后加工工序，如折页、模切、压痕、钻孔、打孔、骑马订、锁线订以及无线胶订都可以用于合成纸加工，但必须特别注意特定的加工要求和化学相容性。在一般情况下，用于合成纸的模切工具必须比用于纸张的工具更硬。在钻孔时要避免过多的停留，以避免由于过多的热量而使材料变色。无线胶订必须采用合适的热熔胶。合成纸也可用于制造精装书壳和环衬。一些合成纸自身可以进行热封合，并且可以用多种黏合剂进行自身黏合。

合成纸的价格比纤维材料高，其附加的成本是由必须采取的特殊的加工预防措施造成的，因而使合成纸印刷产品的总成本几乎总是比纤维纸类的产品更高。由于合成纸的高强度使它们更耐用，它们可能不必像纸张类印刷产品那样需要频繁更换，因而有时使用合成纸也是合理的选择。

■ 光栅塑料纸

想象一下，如果你站在一个真人大小的《蜘蛛侠2》海报前，这是一个以他的为人所熟悉的姿势描绘他超级英雄的气势的海报，他正伸出右手手指，看似要从海报中弹出一张蜘蛛网（图5－11）。这是一个美国印刷企业用印在光栅塑料纸上的《蜘蛛侠2》电影海报所表现的效果。这幅海报的尺寸为127cm×203cm，全彩印刷，是在81英寸幅宽的6个印刷机组的带有水性上光机组和UV干燥装置的利必达205（Rapida 205）胶印机上印刷的（O'Brien，2006年）。

图 5－11　《蜘蛛侠 2》的海报

在光栅塑料纸上印刷并不新奇，那些能记得从打开的 Cracker Jack（玉米花生糖）点心盒里取出能够眨眼睛的移动图像卡片的老前辈，或者，那些老得足以记得在 1952 年总统竞选活动的时候散发的“我喜欢艾克”的动画竞选按钮，都能证实这一点。第一个商业化生产的光栅图像相对粗糙一些，但基本原理却是相同的。早期的光栅图像印在纸张上，然后用一个不精确的成本很高的工艺把乙烯透镜材料层合在一起。今天，图像直接印刷在立体光栅材料上，这种材料能够显著提高光栅图像的清晰度，大大降低了成本（Johnson，2005 年）。

从本质上讲，光栅材料就是通过在塑料纸上紧密排列被称为透镜体的光学级圆柱型镜头形成的。这些镜头相互平行，在纸张上纵向排列。制作光栅材料塑料纸有多种塑料纸挤出机可供选择，包括位于美国威斯康星州奥什科什（Oshkosh，Wisconsin）的 Pacur 品牌（目前是世界上最大的光栅挤出机）（Roberts，2003 年）。光栅塑料纸现在不仅能够更准确、高效地成像，而且印前操作也可以由非专有的图像处理软件通过使用广泛散发的实用操作说明来执行。

透镜效应至少需要有两个不同的图像来产生，但是更复杂的图像设计，如运动序列，可能需要多达 22 个图像。例如，如果在称为两相翻转的动画中使用两个图像，这两个图像都必须分成条状，这些被分成条的图像合成时应当采取这样的方式，即每个图像的一部分都被配装在一个透镜的下方（图 5－12）。这个过程称为间隔排列，可以通过

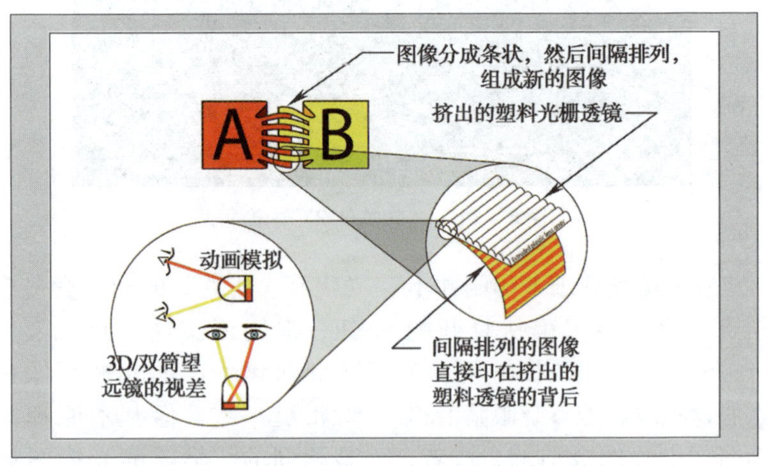

图 5－12　光栅透镜、隔行排列的图像以及人的视觉系统对光栅图像的感知

标准图形编辑软件程序（如Adobe的Photoshop）来执行，或者与Photoshop的自动隔行扫描工艺的插件合作进行。

光栅技术所提供的创造图画的可能性可以分为3D和动画两个基本类别，但是创造性的选择就全凭设计人员的想象力了。动画的复杂程度可以从简单的两相翻转直到实现视频剪辑的特殊效果，以及很多其他一些动画技术能够产生的视觉效果。

三维的效果必须在纸张垂直方向上，即从纸张顶部到底部带有光栅柱镜的地方产生。虽然垂直和水平透镜方向都能产生动画效果，更复杂的动画和更好的图像质量还是在水平方向排列柱镜的方式实现的。对于能够通过手动操纵来感知柱镜效应的观察人员来说，具有垂直和水平柱镜的纸张必须分别在垂直和水平方向旋转（图5－13），而从正常视角感知三维效果则无需人工操纵。

如图5－13所示，（A）垂直透镜方向和（B）水平透镜方向，以及要感知动画柱镜效果时相应要旋转柱镜片的方向。三维效果的感知无须旋转基材（图中放大了镜头的尺寸）。

图5－13　垂直和水平柱镜

三维效果的立体感是由观察人员来感知的，因为一个柱镜图像不仅把焦点带到基材表面的平面上，而且也投射到柱镜上方和下方的平面上。因此，图像可能会出现浮在上方或渗透到基材里面的情况。如果光栅纸有垂直柱镜，就可以产生3D效果和动画效果，但动画必须限制在一个两相图像过渡的情况，因为任何附加的相位迭代都会导致两个图像同时出现时的鬼影。一些3D效果需要多达12帧画面，每一帧都需要由分层的Photoshop文件来产生。

翻转是指从一个图像到另一个图像的突然转换。将光栅片围绕其水平轴或垂直轴旋转，或改变观察人员相对于静止的光栅片的视角，都可以由视觉感知到翻转的效果。前一种方法观看的画面的姿势可以适用于产品幅面足够小，用手动即可操纵的情况，而后者观看的画面姿势可用于像销售点广告或其他大型固定展板这样的产品。横向和纵向的柱镜朝向都可以用在翻转的产品中，但是水平方向排列的柱镜阵列的光栅片经得起四相翻转，而垂直柱镜排列的光栅纸只能产生两相翻转。每个相位都需要有相应的分层Photoshop文件。为了防止各相位之间产生鬼影图像，最好是使用深色的实地背景颜色。

运动图像，如一个高尔夫球员或棒球运动员的全幅摆动，是最复杂和最难于实现的光栅效果，可能需要多达22个帧面。然而，随着帧面的增加，图像的清晰度会受损失。运动的效果需要有单独的Photoshop文件，或分层的Photoshop文件来产生。具有广角的柱镜体能够实现最佳的运动效果。

与翻转不同，变形方法不会突然地把一个图像转变成完全不同的图像，而是使图像逐渐改变其形状或表现。

这里需要有过渡开始和过渡结束的两个Photoshop文件，由这两个文件可以生成其他6个帧面，从而产生平滑的图像过渡。重要的是这两个原始图像的颜色要相似，同时也需要它们具有近似的极端高度和宽度尺寸。

缩放效果从概念上类似于变形效果。但是，它不是改变图像的形状，而是按比例地使图像的一部分（或整个图像）增加或减少。

光栅柱镜印品是在组合了

各种不同的物理和光学要求的不同设置的情况下进行观看的。《蜘蛛侠2》的海报可以在诸如公共汽车候车亭之类的室外地点展示。大多数其他的光栅印品可看成是一本书或类似的读物。像《蜘蛛侠2》海报这样的户外广告牌和广告需要较厚的光栅材料，基本上需要从更远的距离来观看，而较小的光栅材料通常是一个较薄的手持产品，观看的距离大约为手臂的长度范围。海报需要厚度大一些的材料来支撑自身，也恰巧符合更长的观赏距离需要较厚的光栅材料的特点（表5-3）。

表5-3　不同的光栅柱状透镜的规格以及应用的范围

应用范围	观看距离（m）	柱镜形状	厚度（mm）	生产可能性
大尺寸的户外展板、零售点展板、行业展图形	1.5~6.0	20PPI 3D（29°）	3.81	照相打印机（Lambda，Light-Jet）宽幅喷绘
大尺寸的户外展板、零售点展板、行业展图形	1.5~6.0	20PPI 3D（47°）	2.16	照相打印机（Lambda，Light-Jet）宽幅喷绘
行业展图形、一般用途的标志	0.9~4.5	30PPI 3D（49°）（可能不适合所有的应用场合）	1.32	照相打印机（Lambda，Light-Jet）宽幅喷绘、丝网印刷
行业展图形、一般用途的标志、运输和公共汽车站牌	0.9~4.5	40PPI 3D（25°）	2.08	照相打印机（Lambda，Light-Jet）宽幅喷绘，台式喷墨打印机
行业展图形、一般用途的标志、运输和公共汽车站牌	0.3~3.0	60PPI 3D（26°）	1.22	照相打印机（Lambda，Light-Jet）宽幅喷绘，台式喷墨打印机

续表

应用范围	观看距离（m）	柱镜形状	厚度（mm）	生产可能性
小型销售点展板和标志、直邮零售、销售促销赠品、店内规划	0.3～1.5	62PPI 3D（44°）	0.686	大批量胶印
小型销售点展板和标志、直邮零售、销售促销赠品、店内规划	0.2～1.0	75PPI（46°）（可能不适合所有的应用场合）	0.457	大批量胶印
小型销售点展板和标志、直邮零售、销售促销赠品、店内规划	0.2～1.0	20PPI 3D（29°）（可能不适合所有的应用场合）	0.350	大批量胶印
小型销售点展板和标志、直邮零售、销售促销赠品、店内规划	0.2～1.0	20PPI 3D（29°）（可能不适合所有的应用场合）	0.575	大批量胶印

光栅塑料纸的厚度也是一个决定性的因素，因为要考虑使用能够适应较厚的光栅材料的印刷方法。对于各种意图和目的来说，许多丝网印刷和宽幅喷墨印刷设备对基材的厚度都没有限制，而在平版胶印机上可以印刷的基材的最大厚度大约是0.69mm。这就给丝网印刷和宽幅喷墨印刷工艺留下了一些户外广告牌和标志的市场。

每直线尺寸内柱镜阵列的密度的度量和一般概念无异于网目调加网。如同网目调一样，柱镜体的尺寸大小是每单位直线距离内柱镜体个数的函数，并以每英寸线数（lpi）来表示。此外，像网目调一样，每英寸柱镜数值较大的情况能够产生更好的图像分辨率。大的图形展板通常是用丝网印刷设备或宽幅喷墨打印设备印刷的，通常要从更远的距离进行观看，需要 20～60 线/英寸柱镜镜头。尽管柱镜镜片可以细到 200 线/英寸，在普通平版胶印机上印刷，然而通常使用的是 62～100 线/英寸的加网线数。柱镜效果所需的类型部分依赖于柱状透镜的曲率。在一般情况下，较窄的观看角度能更好地呈现三维效果，而动画效果应使用更宽的角度。

真实再现的透镜效果当然也取决于整体的印刷质量，作为一般规则，对于平版印刷来说，300 线/英寸的最小网目调值是获得令人满意的光栅印刷所必需的。只有达到 450～500 线/英寸才能实现最佳的效果。这些极其精细的网点通常需要计算机直接制版（CTP）或计算机直接出片（CTF）的成像系统。

由于隔行放置的光栅图像文件至少是由两个组合的，并且往往会更多，因而光栅印刷的数字图像文档尺寸往往是非常大的。在 40 英寸幅面的印刷机上印刷的典型的光栅印件可能需要 2GB 的存储空间，对于极大的纸张尺寸，如《蜘蛛侠 2》的海报，16GB 的文件大小就不足为奇了（《美国印刷者（American Printer）》，1995 年）。

在印刷光栅塑料片时，要采用在合成材料印刷时相同的特殊的预防措施。在这种非吸收性合成材料上印刷时，最好采用 UV 或电子束干燥系统，尽管这样做并非绝对必要。由于光栅材料是透明的，印刷的图像几乎总是要叠印上白色不透明油墨，以便形成图像区域的视觉反差，同时也允许在光栅材料的背面印刷其他文字。

所用材料的极大改进以及更有效率的印前操作使得足够高的光栅印刷质量和经济可行性成为可能，因而会使得一些主流媒体开始对这项技术感兴趣。2006 年 5 月发行的《滚石》杂志的第 1000 期印了 200 万份，封面是光栅印刷品；2009 年，德国的新闻杂志《明镜》周刊于 9 月 21 日那一期的封面上采用了一个光栅图像，在德国联邦选举前夕出刊。封面上显示的现任总理默克尔和挑战者施泰因迈尔的光栅图像加上修饰性的标题交替出现："这样"……"或者这样"（图 5－14）。

图 5－14　光栅杂志封面上的两相翻转图片

6

新颖产品类别及应用技术

经过改进或未经改动的传统印刷和印后加工设备可以实现很多特殊效果。这其中包括一些可能很老式的机器，因为一些有趣的视觉效果并不完全依赖于印刷设备的新旧，而是用非标准的做法或特殊性质的材料取得的。另一些特殊效果和新颖的产品类别，只能通过引入新的或组合技术才能成为可能。

如果能在大多数印刷企业的主要印刷生产类别以外，利用现有的设备生产出特殊的效果，那么就能在成本效率最大化的情况下实现增值印刷产品的目标。

这种需要新的或组合技术产生的特殊效果类别，更接近于满足当今一代人所适应的电子媒体提供的现实主义以及直接快捷的口味和愿望。

以图面打样

为了使一些用于产品印刷和印后加工的资源在所需要的生产效果达不到的情况下不会被浪费，就需要对除了最简单的印件之外的所有工作提出保证措施。多年来，提供这种不同程度准确性保证的打样系统已经从模拟式打样机、光学照相打样、真实网目调的喷墨打样、软打样发展进化到现在的远程打样系统。色彩管理过程大大促进了新一代打样系统的准确性，一些硬拷贝打样系统可以在最终印刷产品要印刷的实际承印材料上成像。虽然在实际生产用的承印材料上打样无疑要比数字软打样要来得真实，但它们却费时费力，而且还有一些相关的耗材费用。此外，硬拷贝打样样张无法通过电子渠道来沟通，从而也不可能实现远程软打样。

由于传统的打样系统是为复制印刷机的输出效果而设计的，任何印后加工工序或特殊联线加工，如不同类型的光油、特种油墨、模切、压凹凸、烫金、折页或立体感都不会在这些打样系统中表现出来。

在计算机动画中所取得的巨大进步正越来越多地用于计算机程序，能够对具有不同寻常的纹理和反光材料的平面印刷表面进行软打样，并能够产生可以在屏幕上进行操控的三维模型，以便从不同的视角、在不同的照明或环境条件下来显示它们的视觉特征。

这些应用软件，有些可以从草图开始建立三维的模型，或者从计算机辅助绘图程序中所创建的结构设计文件的 PDF 文件格式来建立。对印刷产品建立这样的立体表现通常要涉及最初输入的对象的尺寸、承印材料和折叠规格。作为一种替代方法，这样的应用程序还可以用一个 PDF 文档来解析这样的信息。

除了它们能够用三维方式表达这些设计外，此类型的应用软件也可以表现最常用的印刷材料的光学表面特性，以及特种油墨和金属箔材料的纹理等。

有这样一个软件应用程序，可以让用户在 20 多种不同的外观选项中进行挑选，包括非涂布纸、涂布纸，亚光、高光泽、光泽（图 6－1A）、缎纹、织纹和粗纹理的纸张。瓦楞纸材料中的瓦楞视觉效果，可以在水平和垂直两个方向进行表现（图 6－1B）。非纤维性材料，如金属衬纸、透明的聚酯（PET）、不透明的聚酯、柔性的聚酯、玻璃以及按照不同的角度观察的折射箔的不同效果，都可以以绝对的真实效果表现出来（图 6－1C）。标签可以在通常对它进行观察或出售的环境中（图 6－1E）显示在要成像的瓶子和罐容器上（图 6－1D）。此外，物体可以在屏幕上进行操纵，把物体的任何位置或全部位置，以及光线从印刷图像上反射出来的效果都显示出来。

■ 可变数据印刷

谷登堡发明的铅活字印刷，以及他进行多本相同的书籍复制的发明所具有的机械精度和效率，以上千年来最有意义的创新之一而载入史册。

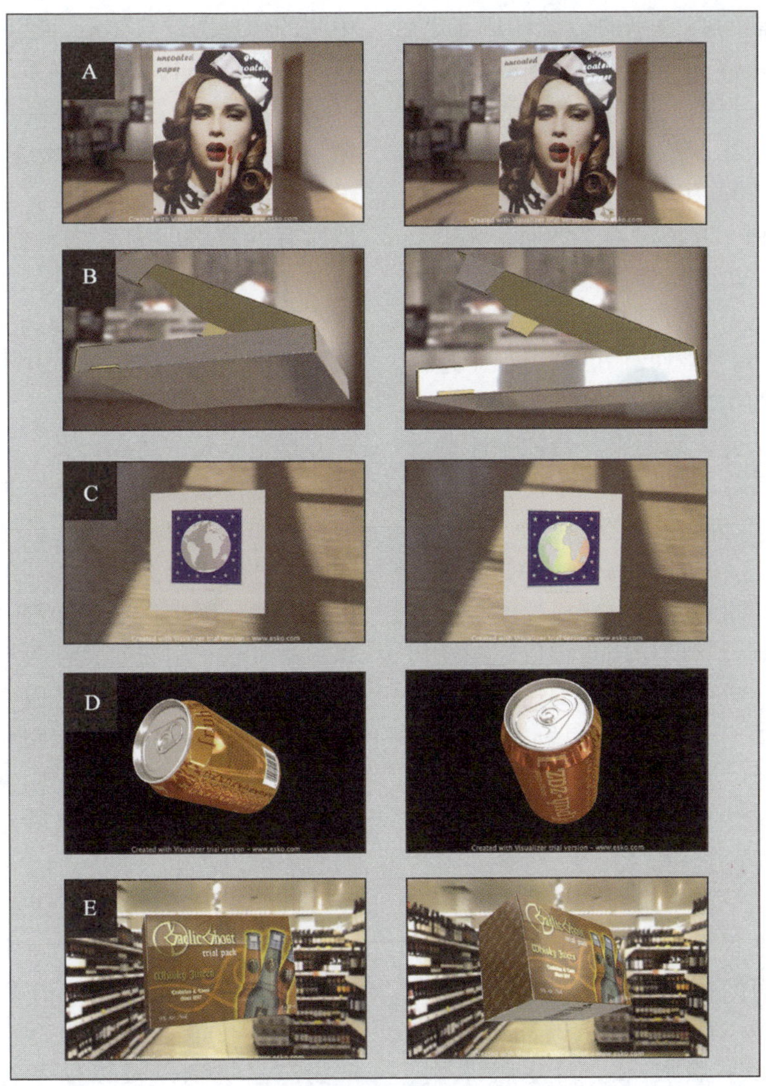

图 6－1 可视化软件所表现的印刷产品

在谷登堡的发明问世后 500 年以来，印刷对知识的进步和启蒙的贡献得到了公认，尽管印刷作为复制相同的副本的基本功能从来也没有发生变化。今天，我们有令人难以置信的高效率的传统印刷工艺，能够一晚上生产 250000 份都市报纸，每周生产上百万份的杂志，或在几个星期内印制 1200 万本畅销小说，如《哈利·波特》等。然而，无论其生产效率如何，它们中每本书从第一页到最后一页都是一样的。尽管我们已经习惯于这样的雷同，并将其作为必然性来接受，然而第一台数字印刷设备在 20 世纪 60 年代后期的推出却改变了这种状况。

自那时以来，诸如激光打印机和喷墨打印机这类数字印刷设备的应用正在以超越任何传统的印刷工艺的速度快速发展着，尽管以印刷数量来衡量，数字印刷工艺目前仍然不能像传统的印刷工艺那样占主导的地位。

数字印刷工艺的日益普及在很大程度上归因于它们直接有数字数据在承印材料上成像，而没有永久的图像载体，如平版胶印、柔性版印刷、凹版印刷、丝网印刷分别需要铝版或橡胶版、铜滚筒和丝网框等。

在一些数字印刷设备（如激光打印机）上图像先转移到中间的物理图像载体上，然后再转印到纸张上。另一些系统（如喷墨印刷），液体墨滴以抛物轨迹喷射到承印材料上，没有任何中间转移的过程。但像所有的数字印刷工艺一样，在激光打印机和喷墨印刷工艺中，着色剂的释放是根据数字数据以电子方式控制的，并没有一个永久的图像载体。

这里有几个优点，其中最重要的是没有图像载体所节省的材料和加工费用，因为数字印刷工艺不需要图像载体。但更重要的，因为在数字印刷过程中通过电子刷新的数字数据顺序在印张上成像，既可以像传统印刷流程那样顺序印刷相同的图像，也可以连续印刷完全不同的图像，这只有靠数字印刷才可以产生。

数字印刷的进步不仅打破了传统印刷工艺长久固定的图像限制，而且它也开启了以前不可能经济地进行生产的产品类别以及以前不存在的产品类别的机遇。这种新型印刷产品有时也被称为可变数据印刷（variable-data printing，缩写为 VDP）。也可使用个性化印刷（personalized printing）的叫法。

可变数据印刷的术语特别适合于由政府、保险公司、养老金计划管理部门、共同基金管理部门或其他负责投资、收益或税务信息方面管理或分配的组织所广泛委托的事务型印刷产品。

政府委托进行的、与大多数人都相关的可变数据印刷项目的一个例子是由政府的税务部门发送给整个国家民众的年度纳税评估通知。

这种类型的事务性印刷项目，通常包括三个信笺幅面大小的页面，为数以百万计的具有独特财务状况的市民连续打印各自的数据。这类对账单的通用信息通常用平版胶印工艺印刷，而个性化的信息，包括发送给与特定收件人相关的所欠税款的详细财务小计和叙述性的解释理由，也只能是由数字印刷工艺来完成。

对计算如此复杂和多样的信息的印刷是可能实现的，因为数字印刷设备不同于传统的印刷机，它可以接受从数据库中提取的数字数据。一旦当前的信息印刷完毕，它就会被删除，并用新的信息刷新，形成下一张或下一个人的数据，与此前使用的手动输入方式相比，其效率和准确性要超越好几个数量级。

目前这种类型的可变数据印刷是一个标准的做法，对于在工业化国家里进行各种财政的或政府的高效而及时的信息沟通是不可缺少的，然而这种事务性文件化以外的相关应用领域还在不断被发现。

含有个性化内容的书籍，也属于数字印刷机的技术能力范围，并且具有一些显著的教育上的优势，但其应用在目前还不是非常普遍。在儿童读物中出现同质化的内容已经成为一些教育研究者引以关注的一个原因，因为在今天的多文化和多层次的社会里，如果某些基本假设不能代表孩子自己的生活经验和环境，就可能会在一些孩子中间产生不满（Watkins 和 Coffey，2004 年）。同时，那些与儿童自己家庭或邻里相关的含有文字和图片内容的儿童科幻小说和青少年的书籍会激励他们更多的阅读热情是合乎情理的。如图 6－2 所示，有可变内容的儿童读物的概念页，变量区域由虚线框围起来。

图6－2　有可变内容的儿童读物

一个比较审慎但仍然有效的个性化的方式，是列出一本书拥有者的姓名并在书的前言部分给出一些赞美之辞，因为它能给予一本书特殊的意义（图6－3）。

印刷广告和直邮邮件是另一类受益于数字印刷的印刷产品市场。人们已经建立这样的共识，认为含有个性化元素的广告可以受到比只有静态内容的印刷品的更多的关注，并且

图6－3　一本书的封面（A）以及含有个性化消息的扉页（B）

可变数据印刷可以显著地提高回应率。在具有正常静态信息的专业化运作的直邮商业活动中，能得到2%的回应率就被认为是很好的结果了，然而人们所了解的个性化邮件的回应率可以达到15%～20%（Broudy 和 Romano，1999 年）。

2004 年由市场研究公司（InfoTrends 公司/CAP Ventures 公司）受托对直邮邮件个性化所进行的一项研究中获得了一些令人吃惊的发现，所设计的调查从表面上看是确定色彩在平面设计中的影响。按从少到多的排列顺序，缺乏个性化的黑白邮件的回应率为1%，有个性化的黑白邮件为1.5%，没有个性化的彩色邮件为1.5%，全彩色而只有简单个性化的（姓名）为2%，全彩色有广泛的个性化的为6.5%。这最后一类有时被称为深度个性化，其成功率强调了数据的至关重要性，包括直接邮寄名单中包含的联系人的采购史（一个 IMS 整合营销解决方案，2008 年）。一般情况下，直接营销活动细分程度的增加，可能会使回应率提高 4～6 倍（Bennett 等人，2006 年）。

综合、有效的可变数据印刷项目超出了简单变化的一些内容（如个性化的致礼等）。

它们使用从电子跟踪消费者数据库中收集到的，往往是消费者在从事商业活动时留下的信息，或是以其他方式留下的有关年龄、住所，以及对某些产品、休闲活动或慈善机构等方面的兴趣爱好等。可变数据广告可以以高度个性化的内容进行设计，包括很可能与收件人有关或能引起收件人兴趣的产品或服务的图片信息。

能够驱动可变数据印刷的软件将静态内容部分与构成文件中的可变元素的数据库信息整合在一起。现在大概超过50%的可变数据印刷的应用是把一个优化的 PostScript 文件发送到数字印刷机，使数字印刷机的光栅图像处理器（RIP）对静态内容仅处理一次（Hinderliter，2004 年）。这将产生一个优化的打印流，其中只有可变的内容进行反复的处理，这样 RIP 就不会影响印刷效率。

可变数据软件通常包括在要印刷的文件中（这些文件在印刷运行中与数据库中的记录相关联），对可变域进行定义的功能以及为建立条件逻辑（这里的条件逻辑用于确定必须要印刷的变量文字或图片元素）需要一种编程环境。

例如，像博物馆这样的组织的通讯刊物要提醒一些成员他们的会员资格即将到期的话，就可以在通讯刊物内的某个位置印刷一个具有这条信息的可变数据域。假设这份通讯刊物大致要在 2 月份邮发给广大的会员，要定义一下会员的续约日期，并分别在可变数据软件和数据库里按“更新”进行存储，在去年 2 月签署成为会员的人可以用一张上面写有“您的会员资格本月到期”的纸条进行提醒。为了达到这种效果，在特定的可变数据软件程序中可以把下面的代码加入到它的编程环境中：

If MID(TODAY(),4,2) = MID(renew 4,2),“您的会员资格本月到期”

此代码将在运行时执行，换句话说，它会在某个于 2 月到期的成员的记录被执行时才会打印出来。

相册

相册是一个相对较新的印刷产品，并且已经准备好来取代传统的历史悠久的相册时尚(图6－4)。由于现在都是数码摄影，取代了胶片消费摄影，完全实行数字化工作流程的先决条件是制作个性化相册。专门从事相册市场开发的公司，在互联网上用能够进行数码照片上传的网络用户界面来接收业务。然后，客户可以把照片放入大量的设计模板中，与在传统相册中插照片的做法没有什么不同，那些喜欢旧相册的人，图片可以配上说明。这都是通过联线的方式输入，并以数字方式生成相册的。远程打样可以让客户验证相册中的所有页面，然后可以通过安全的网上支付系统进行购买。这一系列操作最终让具有联线印后加工能力的高速数字彩色印刷机进行印刷和印后加工，然后发货。

图6－4　相册

如果没有数字印刷技术的出现，相册的低成本生产就不可能实现。它们之所以存在的事实，正说明了新技术能够创建前所未知的产品类别的能力。在这里，购买印刷产品的公众越来越多地参与到了印刷生产的准备阶段，例如通过联线的用于生产相册的模版进行联线数码照片提交以及页面排版和文本生成的操作等，这些都从一个方面展现了在不远的将来印刷企业可以从事的业务。

巨幅标牌印刷

我们这个时代的标志和印刷媒体普遍存在的迹象，是铺满世界各地的混凝土城市景观的图形图像。当然，大型户外广告牌不是什么新的手段，这与透过旧建筑物墙壁上退色的字母所能看到的现在早已不复存在或已倒闭的公司的名称和服务项目没有什么区别。直到20世纪90年代初，这些标志都是由专门书写或画标志的画家手工绘制的。尽管这些技艺高超的工匠今天仍在以令人钦佩的喷漆喷绘工艺和高超的喷枪技巧不断从事他们的工作，然而，现在越来越多的标牌却是由宽幅喷墨印刷系统来喷绘的。

因为具有比其他任何传统的印刷工艺印刷更大的面积的能力，丝网印刷工艺在已往的户外广告牌生产中已经成为主要的工艺方法。尽管丝网印刷工艺可以印制相当大的图像，但是，非常大的户外广告牌仍然要以多件拼接的方式印刷。

另一方面，宽幅喷墨印刷系统能够打印单件超大的标牌，或者至少可以减少用来组装标志的数量，因为宽幅喷墨印刷系统的打印宽度范围从很常见的1.35m的幅面，到可以打印5m，甚至8m宽的承印材料（Kipphan，2001年）。打印宽度超过100英寸的任何喷墨系统通常都称为大幅面喷墨打印机。

这些庞大的印刷宽度是可以实现的，因为大幅面喷墨成像系统的成像头独特的成像方法是通过扫描头的横向扫描运动在宽度方向或横向方向上成像的。与此同时，凭借承印材料运动的特点，使之在前进方向上成像。从理论上讲，只要不断地发送新的信号比特流，在前进方向上是没有图像大小的限制的。但在实践中，图像的长度受限于承印材料的尺寸。由于一些这样的宽幅喷墨打印机的输入和输送系统的卷到卷的方式，它不仅在宽度方向可以打印比在任何其他印刷工艺上都要宽的图像，而且图像的长度可以达到如同拖车的长度或高楼大厦的高度和宽度（图6－5）。

如同丝网印刷一样，刚性材料也可以在平台式喷墨打印机的喷墨印刷工艺中印刷，不规则的表面可以在能轻微拉伸的承印材料（如聚乙烯）上成像，当这些材料作为车辆外覆包装时能够与车辆的轮廓符

图6－5 大幅面喷墨印刷的户外广告牌

合。常见的通用宽幅喷墨材料有高密度聚乙烯合成纸（Tyvek）、科络普（Coroplast）、打孔的窗膜、3M旗帜用乙烯材料、乙烯地板、辛特拉材料或Metamark标志用乙烯材料。

宽幅喷墨系统的制造商有几十家，而且各种宽幅喷墨印刷机的机型更多，但这些机器的关键打印头是由不超过8个核心厂家所提供的。

有些喷墨系统使用溶剂或水性油墨，而另一些则使用自由基的UV固化技术。至少有一家宽幅喷墨系统制造商正在使用阳离子油墨，这种油墨需要的固化时间稍微长一些，但是可以在产生的热量远低于主流UV固化自由基技术的紫外线频率影响下进行固化。这样则扩大了可打印的承印物范围，包括那些对较高的温度敏感或是其他干燥方法不能固化的承印材料和颜色（如不透明白）。

柔性版印刷系统

印刷业习惯于采用狭窄的定义来分类，例如印前服务中心、胶印企业、柔印企业、凹版印刷企业、雕刻版印刷企业、装订厂或印后加工企业。但是，鉴于当代印刷企业所能采用的技术方法以及一些客户不断提高的质量期望，这些称谓往往有点武断而且有局限性。印前、印刷和印后加工在许多情况下，也已经变得过于相互关联了，以至于无法作为独立的实体经营。至于数字印刷机，许多印前的作业都已经完全集成到印刷设备本身了。

各个生产阶段之间断然分出的部门界限的进一步模糊，是由于具有多种印刷工艺和印后加工能力的组合印刷机的出现。采用这种组合印刷系统的原因在于一个印刷过程已经不能够生产一些复杂的印刷项目所提出的要求，同时把印后加工整合到印刷系统内可以通过一次走纸就完成很多工序的作业。

这些组合式印刷机中，有一些能够生产具有冷烫印图像和全息图的多色印刷品，而印刷产品的成型是在轮转模切机上完成的，这同时要求前面配有折叠纸盒工艺需要的纵切和压痕生产线。如图 6－6 所示，紫外线柔性版印刷的折叠纸盒，采用全息印刷、冷烫印和印后加工操作（A）。用胶印、柔印、丝网印刷工艺印刷的不干胶标签，具有烫金、压凸和模切特点（B）。这些产品都是通过在印刷机上一次走纸加工完成的。

其他主要用于高品质的标签印刷市场的组合印刷系统配备有平版胶印、柔版印刷和轮转丝网印刷机组。除此之外，这些印刷机通常还配有烫金、压凸和模切的功能。

除了采用联线印后加工具有明显提高效率的优点之外，平版胶印工艺重现高分辨率图像的能力，加上柔版印刷的良好的色彩饱和度及其复制金属色的卓越能力，还有相对较厚的丝网印刷油墨薄膜给印刷表面带来的触觉质感，都为产生一个极其丰富多样的图像质量作出了贡献（图 6－6B）。

多种印刷工艺的组合加上印后加工工艺（如烫金和烫印全息图）不仅提高了图像的视觉质量，而且也使对印品进行未经授权的复制变得很困难，又很容易被察觉。

在某种程度上，遏止盗版产品的潮流推动了对复杂的多方面综合性包装的需求的不断增加，这也是产品制造厂商，尤其是品牌产品制造商日益关注的环节。这些厂家看到自己

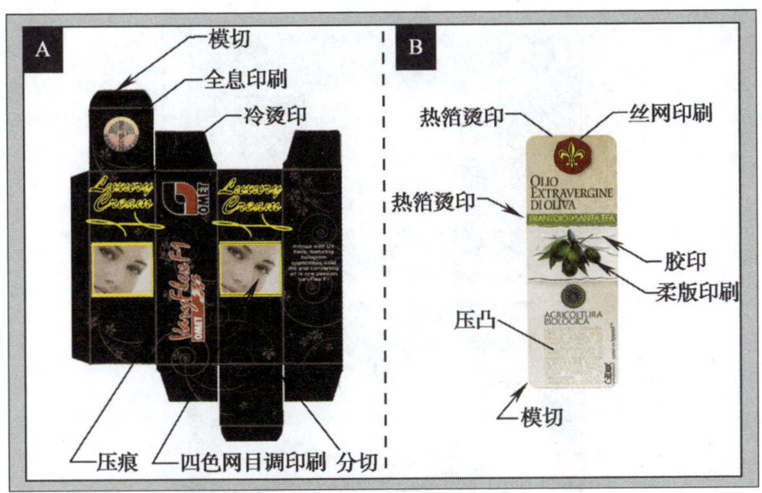

图6－6 多种印刷工艺印制的折叠纸盒

的市场份额因为非法生产和销售而被侵蚀，因而投入巨额资金来开发高价位的产品，并强化品牌意识。

风琴折书籍

虽然在世界各地已经把铁丝订书籍或胶订书籍的结构作为标准的书本格式，但在一些东亚国家，几百年来一直有许多其他书籍装订形式与普通的书本形式并存。在日本，有几种类型的风琴折书籍有着悠久的传统，其中就有两种被称为折本（折り本）和拉伸画帖（伸びる画帖）风琴折的形式（池上，1986）。折本图书（图6－7A）是从单幅宽纸带以风琴折的形式折叠而成的，而拉伸画帖（图6－7B）是从双幅宽纸带沿着页面天头以Z字（风琴）折的形式折叠起来的，每个页面在前边缘相互粘贴。印刷企业特别感兴趣的是折本书籍，因为具有独特成像技术的数字印刷机可用在一个无缝连接的生产顺序中完成风琴折书籍的印制。

风琴折的书从来没有被西方国家广泛接受过，但在东亚世界，这种可能是从卷轴发展而来的装订方式，曾经是记录佛经的主要媒介（池上，1986年）。风琴折图书形式从卷轴

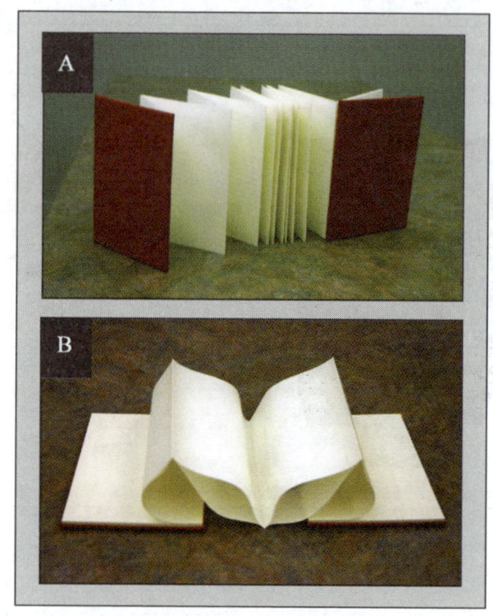

图6－7　日本的风琴折书籍

进化而来的说法似乎是可信的，因为将长长的纸带材料折成风琴折来代替卷起来的形式并没有想象力的跳跃。与卷轴一样，风琴折的书在展开的情况下也是一条长长的纸带，这在古代既可以用手书写也可以用手工通过雕刻木版印制图文。然而，随着机械印刷方法的问世，组成这些风琴折的书籍的长长的纸带，使得机械印刷大量风琴折的书籍成为不可能完成的事情，因为机械印刷设备可容纳的图像长度是有限的并且是固定的。

另一方面，数字印刷设备允许在设备的前进方向上调整图像的长度。然而大多数数字印刷机其实在这一前进方向上也对图像的长度有限制，这是人工的限制，而不是控制设备的软件所造成的根本限制。虽然数字印刷设备目前还没有就印刷风琴折的书籍来专门设计，但理论上它们在前进方向上能够印刷无限多页的能力，使它们具备了成为印刷风琴折产品设备的技术先决条件。

瑞尔森大学（Ryerson University）的一个研究小组演

示了在爱克发 Sherpa 喷墨绘图仪上印刷96 页4 英寸×7 英寸幅面竖放的风琴折图书，从这一端到另一端共延伸 192 英寸（Breede 和 Lisi，2007 年）。由于爱克发 Sherpa 是没有折页配件的单面打样设备，这本书不得不两次走纸完成印刷，页面需要手工压痕和折页（图 6－8）。

图 6－8　一个 96 页的风琴折的书展开的原型

市面上双面数字印刷设备很多，也有能把纸张折成风琴折的扇形折页机，尽管目前它们还没有明确地针对风琴折书籍的制作进行设计。如何把这些组件集成在一台风琴折图书生产的数字印刷机上的基本概念如图 6－9 所示。

风琴折图书的主要缺点是它缺乏一个防护的封面和一个把它放在书架上时能被识别出来的共有的书脊。虽然可以给风琴折图书加精装封面，但这会增加它的成本。这种用印刷书页的同一条纸带制成的在外围包覆的封面，可以提供作为风琴折书籍的一种封面，并且与普通的无线胶订的书本没有明显的不同。为了产生包覆的封面，其折页的顺序需要在同一方向上折叠两次来形成书脊，而不是以相反方向交替进行风琴折。与书脊毗连的两个页面会有效地形成风琴折书的前封和后封（图 6－10）。

经过时间考验的传统书籍形式的大部分优势都保留在风琴折的书上。它可以按顺序读

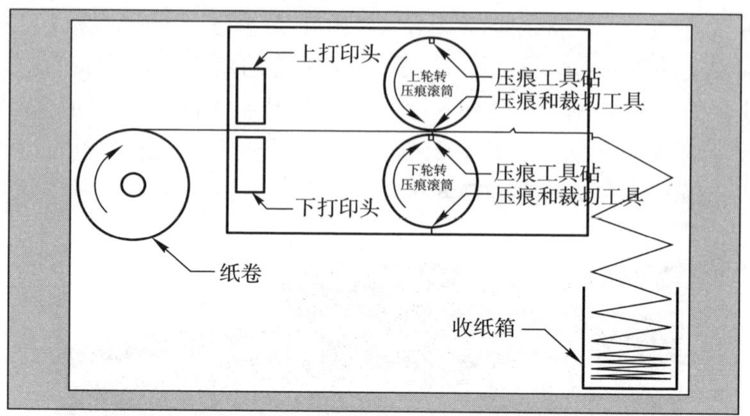

图6－9　装有风琴折图书印刷和印后加工功能的数字印刷机的概念图

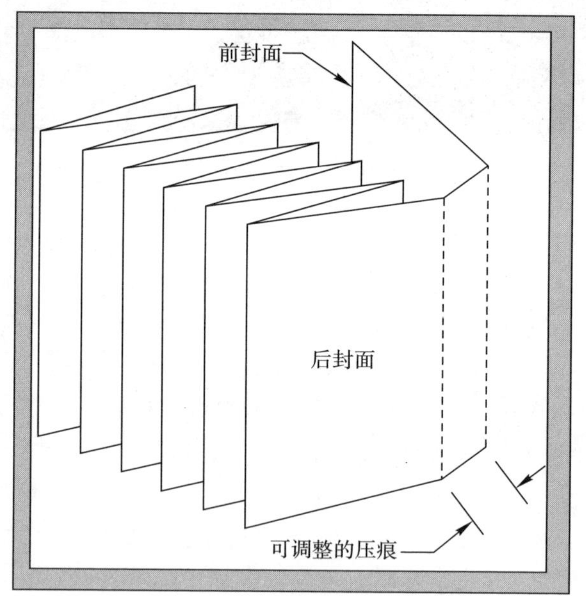

图6－10　带包覆封面的风琴折书

取，结构紧凑，能利用印刷材料的两个面，有一个具有想象得到的连接书脊的保护封面。它在其他几个极为重要的方面优于传统的书籍，最重要的是，风琴折书的形式制作起来比传统的书籍更有效，并因此也更经济，因为它除了风琴折方式折叠的纸带外，无须进一步装订和印后加工操作。风琴折书的形式也有一些功能上的优点。由于页面的前缘与邻近的页面相连接，页面的翻页更方便，同时因为书脊上没有装订元素，多页图像的铺展将不存在订口阻挡图像，也不存在订口限制页面打开的问题。

风琴折的书籍特别适用于有跨多页表格或图片的出版物，以及以生产成本低为主要关注点的各种读物。最后，作为一个合适的应用方式，鉴于其历史渊源，没有其他方式比风琴折书籍的形式更能真实地复制佛经的了。

译 者 介 绍

程常现，北京印刷学院副教授，1982 年以来从事印刷传媒教育与研究。编著《当代印刷专业英语》和高职版《印刷专业英语》，合编《现代印刷机械设计》及《印刷设备概论》等，译著《柔性版印刷原理与实践－第 4 卷》《印刷质量管理》《单张纸胶印机操作》及《精益印刷：印刷企业通向成功之路》等。在各种印刷与科技专业杂志上发表论文 60 余篇。1983 年和 1994 年曾两次公派赴意大利留学，并得到意大利政府资助和 ACIMGA 印刷包装协会的支持。2003 年赴美国参加 GATF 印刷设备与技术研讨会，签署了与 GATF 的技术合作协议，推进了印刷机检测和印刷复制过程优化控制系统研究的进展，为建立相应的检测与优化控制系统奠定了基础。现为 GATF 协会外籍会员。2002 年度获雅昌印刷教学奖。

高晶，毕业于北京印刷学院。曾在印刷行业多个部门从业，从事过印刷机设计、出版、编辑、印刷科研、销售、图书设计、设备维修、ERP 编程、印前主管、杂志主编、印刷网络建站、印刷标准制订等多项工作，编撰《汉英英汉印刷词典》《印刷材料》《简明印刷色彩学》《图解标签技术百科全书》等图书 40 余册，在各杂志发表文章几百篇，为业内主要印刷厂商翻译各种资料近千万字。